IELTS ESSAYS

Write things worth reading. Do things worth writing about.

十天突破

雅思写作 剑11版

慎小嶷 / 编著

Pat's Ten-Day Step-by-Step Guide
to the IELTS Writing Test

机械工业出版社
CHINA MACHINE PRESS

本书是留学英语考试语言专家慎小嶷（Pat）老师的力作。书中紧密结合剑桥大学出版社出版的“剑11”和《剑桥雅思官方指南》（The Official Cambridge Guide to IELTS）所体现出的最新趋势，富有创造性地总结出了帮助中国考生突破 IELTS 写作瓶颈所需的全部应试技巧，并用地道英语对大量语言点进行了深入讲解。书中全部例句均取自最近两年中出版的英美本土出版物和剑4～剑11以及《剑桥雅思官方指南》里的权威官方范文。

本书还配有由 native speakers 外教朗读的音频文件下载，以及方便读者随时随地学习的便携式学习手册，有助于读者高效利用备考时间。

图书在版编目（CIP）数据

慎小嶷十天突破雅思写作：剑11版／慎小嶷编著.
—7版. —北京：机械工业出版社，2016.4
ISBN 978-7-111-53573-7

Ⅰ.①慎… Ⅱ.①慎… Ⅲ.①IELTS—写作—自学参考资料 Ⅳ.①H315

中国版本图书馆 CIP 数据核字（2016）第075523号

机械工业出版社（北京市百万庄大街22号 邮政编码100037）
策划编辑：孟玉琴　　责任编辑：田 旭 苗昊聪
版式设计：张文贵
责任印制：乔 宇
保定市中画美凯印刷有限公司印刷

2016年5月第7版·第1次印刷
184mm×260mm·42.5印张·4插页·1056千字
标准书号：ISBN 978-7-111-53573-7
定价：76.00元

凡购本书，如有缺页、倒页、脱页，由本社发行部调换
电话服务　　网络服务
服务咨询热线：（010）88361066　　机 工 官 网：www.cmpbook.com
读者购书热线：（010）68326294　　机 工 官 博：weibo.com/cmp1952
（010）88379203　　教育服务网：www.cmpedu.com
金 书 网：www.golden-book.com

The Ten-Day Guide in the Cambridge IELTS-11 Era
致 读 者

☆ 我们向《剑 11》学习什么

Cambridge English Language Assessment 在 2016 年改变了 Cambridge IELTS Series 每两年更新一次的惯例。《剑 11》在《剑 10》推出一年后于 2016 年 3 月 27 日高调发行，从者如鲫。这种提速是否会延续我们不得而知，但你携带“剑系”的 backpack 将会变得更重却是一个可以肯定的事实。是不是能“物尽其用”，则要取决于你到底会怎样使用《剑 11》。

拿到每本新的“剑系”之后，Pat 一定会做的一件事是翻到书后的 Sample answers for Writing tasks 部分，逐字分析 examiners' comments，因为这些阅卷评语最直接地展现了现任的写作考官们对于评分标准实施细则（IELTS Writing band descriptors）※的理解，让我们“直击”考官们的真实评分过程。

如果您也试着读一读这些阅卷评语，就会发现写作考官们在阅卷时的关注焦点和你之前想象的或者听说的有点“不一样”。请看《剑 11》里的这些 examiners' comments：

> Further support and development would be necessary to achieve a higher score.（《剑 11》p. 133，直接针对的评分项：Task Response）
>
> Some cohesive devices are used effectively, while others are faulty.（《剑 11》p. 139，直接针对的评分项：Coherence and Cohesion）
>
> Some errors in word choice cause difficulty for the reader.（《剑 11》p. 135，直接针对的评分项：Lexical Resource）
>
> The candidate attempts to use complex sentences, but error levels are high.（《剑 11》p. 133，直接针对的评分项：Grammatical Range and Accuracy）

※您可以在本书高分卷的附录里看到对剑桥官方写作评分标准的详细说明

考生如果能用心地按照考官评语的要求写作，写出来的并不是传说当中的“惊艳”或者“亮瞎考官的钛合金眼”的作文，但却一定会有：（1）扣题的 ideas，（2）脚踏实地的展开论证过程，（3）平实但较为准确的语言。这其实也正是英语国家大学里的学术写作课程（academic writing courses）对学生的要求（例如，您不妨看看 LSE 的本科学术写作课程怎样向学生讲解 academic writing principles：www. lse. ac. uk/intranet/LSEServices/TLC/undergraduateStudents/Week-6-podcasts/TuesdayEpisode3. aspx）。

☆ 执剑前行

与 writing examiners 对评分标准实施细则的严谨态度相比，中国同学们在写作时却往往体现出对剑桥评分要求忽视甚至无视的态度。长期批阅中国学生的作文，让 Pat 深感中国同学们的英文风格是“华丽”的：往往是只有韦氏词典里才会收录、但在真实的英美大学学术写作里其实并不是常用词的难词、生僻词“席卷”全文。这种明显并不协调的用词风格，只能让 examiners 像看到在自拍路上越走越远的高晓松同学的“妩媚自拍照”一样惊呼：“I know you are talented. But this is not my style！”

而且，不仅在词汇评分项（Lexical Resource）上面直接有悖于剑桥的真实评分标准，中国同学们的 IELTS 作文里往往还有下面 3 个“伪亮点”：

- 有很多看似“深刻”的观点，但如果仔细看，却并不是紧扣题目的要求，出现 partially off-topic（局部跑题）甚至 entirely off-topic（全文跑题），从而导致在 Task Response（TR）评分项上被考官找出漏洞；
- 用看似“有品位”的连接词对考官进行密集轰炸，可如果仔细看，使用的却往往是在当代英语学术写作的行文衔接里其实已经罕有人用的“古董”，从而导致在 Coherence and Cohesion（CC）评分项上的溃败；
- 有很多看似从句套从句的“长难句”，但静下心来细看，却是写得含混不清甚至令人费解的病句、错句，从而导致在最后一道得分屏障 Grammatical Range and Accuracy（GRA）评分项上也遭遇滑铁卢。

这些问题的体现虽然各有不同，但根源却是一样的：都是为了刻意追求“高颜值”的形式，却忽视了英语写作的本质——用英语把你的想法讲明白、讲清楚。

深入领悟剑 11 体现出的官方写作评分细则要求，并紧密地结合英语国家大学对于学术写作能力（academic writing skills）的真实要求，帮助中国考生树立起对 IELTS 作文词、句、段、篇的正确关系的认识，就是新版“十天”的核心任务。

☆ 本书的目标读者（你）是谁？

《十天突破雅思写作》的目标读者是距离考试已经迫在眉睫、但却不知从何入手的一群心急如焚的“烤鸭”们。

促使 Pat 创作您手中这本书的原因很多，包括学生们的要求、出版社的邀请与亲人的鼓励。但导致我写这本书最直接的一个原因，却是我收到的一封澳洲来信。

Pat 你好：

我是您去年 9 月的学生黎媛，现在悉尼大学预科读语言。在这一个月的学习中我发现写作在国外的学习中是这么的重要。刚到这里压力好大，不知要怎么学。还好有您的那些资料，最近我又开始钻研它们，它们给了我很大的帮助。现在我是我们班的作文高手，老师也很喜欢我的作文，经常在班上表扬我。我只想说这些全都是您的功劳，没有您的那些资料我什么也写不出来的。老师，真的太感谢您了。我刚完成了一篇作文，有感而发，很想给您写这封信。

老师，谢谢！

学生黎媛

在一个连培训教师也需要包装，也需要“互踩”，“煽情”比务实更流行的年代里，我个人却始终认为：学生真实的英语写作水平和考试分数的提高，才是衡量一个教师能力的最高准则。Pat 特别想说的是，在我的教学生涯里，给我感动最多的就是我的中国学生们。他们 / 她们的信任和鼓励，才是我不断前行的真正动力。

This volume is fully dedicated to my incredibly intelligent, responsive and self-motivated students.

☆ 本书讲什么

您手里的这本书只关心一件事情：在真实的雅思写作考场里考生到底需要什么

(What counts in IELTS Writing counts here.)。我们不会浪费时间去关注仅仅是听上去很美但在考场里却完全用不上的东西。一章一章地阅读本书正文并完成“作业本”里面对应的练习，会让您的应试技能和学术写作能力都获得实质性的进步。接下来的十天，一定会是令人兴奋的 10 天。

☆ 致谢

本书的出版，首先必须感谢的是 Pat 的中国学生们。他们 / 她们给我的大量建议和意见，让我得以不断完善自己的教学；也正是他们 / 她们拿到考试成绩后的 thank-you notes，让我有了不断前行的动力。

在本书创作过程中协助编写工作的人员还有：李丹、朱燕林、杨津英、张俊兰、樊顺玲、张淑琴、苏惠英、于辉、张洪霞、朱卡亚、孟建章、冉继华、宋琪、李玉亚、宋笑颜、孔庆桐、李广荣、王福利、苗春瑞、刘礼、兰印玲、孟玉敏、苏琴英、王玉丰、王军、朱瑾瑾、苏锡武、张会分、汪玉美、李佩香、袁毅、朱达斌、朱露西、孟平珍、崔文勤、卢朝臣、杨荣莲、陈杰学、孙国庆、智月仙、王丽沙、杨振国、孙晓荣、张智萍、王洪玲、徐建英、余团林、刘国强、董维川、孙三伶、史凤华、林淑芬、冷江豫、赵焱、李玉凤、刘昭文、宋文顺、白淑平、孙国栋、杨兴普、田桂祥、李正其、苏汉寿、朱文辉、李坤煌、李雄伟、林君凤、毛干斌、刘宝钗、李杰、刘建龙、李云香、苏惠心、尚纯义。

A special note of appreciation to Amanda, for the loving support, for the touching up of the Chinese text I wrote in the first and second drafts, and for giving me hints about how to make this book more meaningful in a Chinese context.

小嶷

Pat,

2016 年早春写于新泽西

Road Map

General Knowledge 预备知识	☞	Day 1
Ideas 思路	☞	Day 5 * , Day 6 * , Day 7 *
Grammar 语法	☞	Day 2, Day 3 * , 高分卷（B）
Essential Phrases & Collocations 词汇和短语	☞	Day 7 * , 高分卷（A） & 高分卷（D）
Essay Structure, Coherence & Cohesion 作文结构、连贯性与行文衔接	☞	Day 4 * , Day 6 *
Sample Essays 比较范文	☞	Day 8 * , 高分卷（C）
Task-1 Essays 小作文	☞	Day 9 * , Day 10, 高分卷（E） & 高分卷（F）

Note: 如果您的备考时间已经异常紧迫，或者您就是传说当中天天喊着“**Fighting**!”却迟迟不肯动手的“重度拖延症患者”，请从这个速读指南里选择最适合自己的章节学习。但不论您的时间怎样紧迫，都请不要错过标有 * 符号的亮点章节。

英文自序

Preface

While I was on vacation in Florida this past winter, getting a brief respite from my whirlwind life as an IELTS instructor, I had a chance to reflect on my teaching experience and to consider how my own publications could best help IELTS candidates to succeed.

Legions of secondary school and university students have committed themselves to taking the IELTS test. However, in preparing for the writing module of the test, many of them feel daunted and disoriented by the sheer volume of information they are supplied: the endless word lists, the baffling grammatical quagmire, the bizarrely contorted sentences and the innumerable passages which could, purportedly, help them break through to a higher score.

This book goes beyond what readers generally find in other IELTS writing section preparation materials. It focuses on the skills, techniques and mindset needed to do well in the writing section of the test. To ensure that you gain maximum benefits, I set the following nine criteria to assist me in developing the contents of this book:

a) *Helping my readers to generate enough ideas that will allow them to write convincing arguments within the time limits of the test.*

b) *Distilling the common English writing lexicon into a concise list of words and phrases while training my readers in proper diction (word choice and usage).*

c) *Deconstructing bewildering grammatical points for my readers in a practical fashion, and identifying common mechanical mistakes made by IELTS candidates.*

d) *Instilling a good sentence sense and providing a handy toolkit of linking devices, i. e. essential conjunctions, common transitional phrases and key sentence structures.*

e) Training my readers to build a tight-knit and focused essay structure.

f) Providing my readers with various sample essays for study while discouraging rote memorisation or mere reproduction of the essays.

g) Furnishing my readers with accompanying audio support to help them to memorise particular selections of the visual text.

h) Reflecting the latest changes to the IELTS writing module.

i) Presenting a high level of utility to candidates of other English writing tests, such as the TOEFL-iBT Writing Test.

These nine criteria provided focus for me in developing the contents of this book. I hope that your experience with it is both a valuable and an interesting one.

Xiaoyi

(a. k. a. Patrick)

目　录

Day 6 带着平常心去写作

——写好议论文展开支持句的秘诀

Day 7 别了，“中式英语”——120 急救短语

Day 8 真实的高分范文——比你想象的简单

Day 9 图表题，能提前写完吗

Day 10 关于流程图的恶狼传说

附 录

Mission Statement

—考点选择

—写作顺序

—难度控制

—IELTS作文的独特性

Day 1

其实你不懂雅思写作

Uncharted Territory in the IELTS Writing Test

Many candidates seem to have built whole superstructures with no foundations.

— *Pat*

多数中国考生无法回答的10个问题

10 Questions That May Well Put You on the Spot

- ☆ 怎样选择雅思考试的考点?
- ☆ 写作考试应该先写 Task 1 还是 Task 2?
- ☆ 对作文字数如何掌控?
- ☆ 作文里句子越长越难就越容易得高分吗?
- ☆ 怎样合理使用雅思写作真题?
- ☆ 拼写错误会扣分吗?
- ☆ 写作考试是否需要打草稿?
- ☆ 雅思考试与国内的英语考试，比如四六级或者考研英语相比有什么不同?
- ☆ 英语的学术写作有哪些特殊要求?
- ☆ 雅思作文中是否可以使用 I 和 we?

一只饥寒交迫的典型烤鸭

My Answers

怎样选择你的考点?

考场如战场，对它的选择当然重要。雅思听力和阅读是客观题，有标准答案，所以在不同城市考基本没有区别，我们重点说写作和口语。

首先要明确的是：同一天里的写作考题在全国所有考点是完全相同的。所以，选择考点对于考题本身的难度没有影响。

那么考点对于评分有没有影响呢? 真正接触过考官们的内行人士都知道：大多数 IELTS examiners 从事考官工作其实都是 on a freelance basis，并非“从一而终”。所以，在二、三线城市出现的考官们未必就不熟悉一线城市考生的英语学习情况。而且，与口语评分有可能受到表情、声音甚至外形等非实力因素的影响不同，写作答卷上只有“干货”，连画个笑脸符号都不允许，因而写作考官也能更集中精力针对考生的实际英语水平给出较为客观的评价。

Pat 对多名从北京“飞赴”外地的考生们的成绩进行统计后得到的结论也是一致的：如果感觉“南巡”或者“西进”并不方便却非要迎难而上，反而有可能会影响备考状态，得不偿失。

写作考场里应该先写 Task 1 还是 Task 2?

这个问题看起来简单，其实是挺有技术性的。

事实上，在拿到考卷之后，不论一个人的心理素质多么好，也绝没有人会只看见一道题就开始写作。任何考生（包括各培训机构派去卧底的老师）在拿到试题之后即使仅仅出于好奇心的本能，也一定会先把大小作文题目都很快地扫视一遍，然后再开始全力写其中的一道题。

因此，从实战的要求出发，Pat 建议您：**如果确实感觉对手里的 Task 2（大作文）考题自己准备得较为充分，有信心在 40 分钟左右完成，那么就应该先坚定地搞定大作文**。这是因为：在 IELTS 写作评分里，大作文占写作总分的 2／3，小作文占总分的 1／3，如果有把握我们当然应该先把分多的部分拿到手。但是，**如果在迅速浏览两道题之后，感觉对手中的 Task 2 考题自己准备得并不充分或者一时想不出足够的素材，那么 Pat 就强烈建议您不要陷入纠结，先果断地完成 Task 1**。因为图表题是客观描述，不存在想不出素材的问题。写完图表题后再写议论文，由于已经写了 20 分钟的英语作文，肯定会比刚开始时要顺手一点。否则，如果感觉议论文不好写，却非要咬着牙先写 Task 2，导致 Task 2 占用的时间过长，就有可能会导致两部分都完成得不好的惨烈结果。

对作文的字数到底如何掌控？

对于语言功底非常好的“学霸”来说，即使写不够字数也有可能得到高分，剑桥官方范文当中也确实有不到 250 words 却仍然拿到 7 分的实例。但是，对于多数平凡的小烤鸭来说，必须努力确保自己的作文达到官方明确规定的字数下限（即：大作文超过 250 words，小作文超过 150 words）。写不够字数、要考官自己去“脑补”是很冒险的。

但是，对于已经达到了字数下限要求（minimum length requirement）的作文来说，字数本身就不再构成评分的决定因素了。例如：《剑 9》p. 163 的考官满分范文只写了 268 words，而《剑 11》p. 137 的 7 分范文甚至只有短短的 255 words。如果论证松散、空洞，或者干脆直接跑题（off-topic），那还真不如少写点。考前练习时对字数的正确心态是：只要确保能超过 250 words，就不用太执着于 word count，而应该把关注的重点放在提高论证过程的质量和语言表达的准确度上面。

结论： 写长文未必是坏事，但内容空洞、错误百出的长文既没有说服力也不环保。请牢记这个规律：对于已经超过了字数下限的作文来说，考官评分的主要标准是你的论证过程和语言质量，而不是看你是否写了“长篇大论”。

句子越长越难就越容易得高分吗？

这种说法 Pat 听得不少。事实上，剑桥官方评分标准里本来就没有要求写长难句，所谓

"雅思作文必须写长难句"的说法其实是生搬硬套中式英语思维的结果。请您翻翻《剑4》~《剑11》后面由剑桥官方提供的高分范文，到底发现了多少"无敌长难句"呢？

眼见为实，请看《剑11》第137页7分范文里的这段话：

"Learning a new language for the purpose of working in other countries seems to become more and more popular. Adults in need of money or recognition are trying to pursue their happiness far away from home ..."

您也许会说：7分范文虽好，但还不是剑桥的"真爱"。没关系，请看《剑10》第162页考官满分范文里的这段话：

"The question depends on the age of the child. To punish a very young child is wrong and foolish, as an infant will not understand what is happening or why he or she is being punished. Once the age of reason is reached however, a child can be rewarded for good behaviour ..."

请问，它们是您心目当中的"无敌长难句"吗？

再请看《剑9》第163页考官满分范文里面的这段话：

"There are, however, some disadvantages. Primary school teachers are generalists, and may not have the necessary language skills themselves."

再看这段话：

"A child's education has never been about learning information and basic skills only. It has always included teaching children how to be good members of society. Therefore, this cannot be the responsibility of the parents alone."

它们都是《剑8》第163页考官满分范文里的句子，也实在和"悠长"扯不上边儿。

这些在国内同学们看起来"弱爆了"的句子，却都是真实的Cambridge English Language Assessment提供的官方高分范文里面的句子。

IELTS作文好句子的标准并不是让考官看得"头上长角"，而是准确、清晰。如果您觉得这些句子写得很漂亮，稍安勿躁，我们将在Day 2和Day 3系统锤炼用英语造句的能力。

怎样合理使用 IELTS 写作真题?

不论是“雏鸭”还是“老鸭”，备考时间都是有限的而不是无限的。所以，Pat 并不认同“是题就看”的做法。过于陈旧的考题（特别是2003年之前的考题）绝大多数已经不会再出现在现在的考试里。还有些同学在网上慌乱无序地搜到的“考题”甚至是非 IELTS 考题，从而让不熟悉真题难度的同学产生“考雅思不过如此”或者“考雅思根本就是自虐”的错觉。

没有焦点的备考必然是低效的。本书《作业本》的 Day 8 为您提供了最近两年里 Cambridge English Language Assessment 在亚太区的考试当中实际使用的真题，并且为您逐题讲解了 main ideas，有助于您体会 IELTS 写作目前在亚太区的真实难度和思路要求。如果您在考前有时间对 IELTS 作文完整题库和范文进行系统的梳理，则还可以参考本书姐妹篇**《IELTS 写作完整真题库与范文全解》**。

拼写错误会扣分吗?

在这方面请您稍微喘口气：雅思作文并不需要“全程无槽点”。写作当然应该尽可能做到拼写正确，连基础单词都不会拼写的半文盲肯定拿不到好分数 。有不少“心比天高”的同学在作文里却真的会把 modern，environment，knowledge，government，experience 甚至 believe 这些基础词拼得乱七八糟，再看别人的分数时当然也只能是各种“羡慕忌妒恨”了。

但另一方面，IELTS examiners 也能够理解考生是在时间很有限的情况下完成作文的，所以对于少量存在的拼写错误（即官方评分标准里所说的 occasional errors），只要不引起歧义，是不会导致严重扣分的（例如《剑 11》p. 137 的 7 分范文考官评语：Although there are a few spelling errors, these do not detract from the overall clarity of the response.）。

Pat 在本书附录（A）为您总结了中国考生作文里的最高频拼写错误，请尽量熟记，努力减少“拼写门”的发生（雅思写作的评分细则请看本书高分卷附录）。

写作考试是否需要打草稿?

一个冰冷的事实是：**考场里根本没有时间打草稿。**

请牢记：写作考场里任何一分钟都决不能浪费，否则真的有可能会写不完，这是很多考生共同的体会。不过，在看完考题之后，您倒是可以在印有考题的试题纸上面（切记：**不是**带横线的答题纸，答题纸 Answer Sheet 是必须保证干净整洁的）把看到考题之后头脑里闪现出的 ideas 和自己考前准备过的相关词汇和短语快速记录一下，供在 Answer Sheet 动笔写作的时候参考。

雅思考试与国内的英语考试，比如四六级或者考研英语相比有什么不同？

区别之 1：Short time frame（时间限制）

IELTS 写作考试被放在上午考试的最后，而且要写两篇作文（Task 1 图表题和 Task 2 议论文），这对“孩纸们”的脑力和心理素质都是很大的挑战。但请注意：当考官要求停笔的时候即使还没有写完也一定要停下来，否则将会被判为违纪行为。

对策： **考前练习时要尽可能模拟实战，没有限制的考前练习是没有实战意义的。**建议您在考前练习时登录随本书赠送的音频下载卡提供的网址，输入卡上的序列号和密码就可以下载标准格式的雅思写作答题纸。请您一定坚持使用铅笔练习，每行写 10 ~ 12 个单词，并且严格地控制时间——在备考初期与中期，练习图表题不应超过 25 分钟，练习议论文不应超过 45 分钟。进入考前一周的冲刺阶段，就应该严格地按照 1 个小时来控制总的写作时间。

区别之 2：Different tasks（不同的写作任务）

雅思写作考试分为两部分：Task 1 图表题和 Task 2 议论文。图表题要求考生在 20 分钟左右完成，议论文要求考生在 40 分钟左右完成，考试时间总长度为一小时。

Task 1 图表题是客观性写作，强调的是客观、准确、详尽。考生必须如实而且详尽地用英文描述图表里的信息。

相比之下，Task 2 议论文则明显地带有主观性——用剑桥考官们常说的话来说就是“IELTS Writing is not an exact science.”雅思议论文在观点上是没有标准答案的，考官关心的是你是否可以用英文去比较准确地表达并且有力地支持你自己的观点。从语言上看，Task 2 议论文对词汇量要求较高，而且句式也更灵活。

对策： 在备考初期，可以把图表题和议论文分开来练习。**但是考前一周内，Pat 强烈建议您至少演练一次完整的写作考试全程，**模考时间严格控制在 60 分钟，中间不要休息，也一定不要查词典或资料。全部文字写完之后再核对，或者请有经验的老师批改。

区别之 3：Unfamiliar topics（中国考生不熟悉的话题）

与美国研究生申请入学需要参加的 GRE 作文考试不同，IELTS 作文考试并没有给考生划定一个明确的题库，这无疑增加了备考难度。

更重要的是：雅思作文的 topic 往往是多数中国考生不熟悉的。所以，考生经常会拿到题目之后头脑一片空白，想不出写什么内容，而时间却在一分一秒地过去，这是一种多么囧的感觉。比如下面几道雅思作文真题：

真题一 Increasing the price of petrol is the best way to solve traffic and pollution problems. To what extent do you agree or disagree? What other measures do you think are effective?

真题二 Unlike many other countries, in the UK police officers do not carry guns. Some people think this leaves citizens unprotected, while others believe this reduces the violence rate. Discuss both these views and give your own opinion.

真题三 Many museums charge for admission while others are free. Do you think the advantages of charging people for admission to museums outweigh the disadvantages?（剑 10 真题）

真题四 Many governments think that economic progress is their most important goal. Some people, however, think that other types of progress are equally important for a country. Discuss both these views and give your own opinion.（剑 11 真题）

这些都是曾在英国引起广泛争议的话题，但中国考生却普遍对此感到陌生。绝大多数中国同学恐怕从来没有想过——像警察执行任务时是否应该带枪这样在中国并没引起过什么争议的事儿，在雅思作文里居然也要拿出来晒晒。

对策： Pat 为您总结了 native speakers 思考议论文 ideas 的常用方法，我们将在 Day 5 和 Day 7 中通过实例来学习。

英语学术写作到底有哪些特殊要求？

一些同学考试之后本来觉得自己一定能拿 6 分或 7 分，但成绩发下来却只有 5 分或者 5.5 分，其实很多时候是因为自己的作文从学术类写作的角度来看只值 5 ~5.5 分。

对策： 下面这些改错题可以让您快速掌握**英语学术写作的核心特点**，我们现在就一起来改错：

改错 1 ***Some people argue that citizens shouldn't be responsible for their own medical costs.***

分析： 文体错误。英文学术写作里不接受缩写形式，shouldn't 必须改成 should not，don't 应该写成 do not；相应的 I'm 要写成 I am；而 can't 应该写 cannot。（请注意：cannot 中间没有空格）。例如《剑 8》第 163 页：This cannot be the responsibility of the parents alone.

改错 2 ***Scientists have presented lots of evidence for climate change.***

分析： 使用了非正式的口语表达 lots of。学术写作里修饰可数名词时可以改用 many 或者 a large number of，比如《剑 11》第 136 页的例句：Many people dress in business suits or jeans. 以及《剑 10》第 129 页的例句：Some parents buy their children a large number of toys to play with. 修饰不可数名词时则可以改用 a large amount of。

改错 3 ***Young people's crimes should be totally stopped.***

分析： totally 过于口语化，而且该考生不善于使用短语，完全可以用下列方式替换：

young people's crime → youth crime（youth crime 是地道英文里表示青少年犯罪的高频短语，作文真题里还考过 juvenile delinquency 这个近义短语）

totally stopped → effectively prevented（prevent crime 也是地道英文里的常用短语）

例句：In the UK, the purpose of the police service is to prevent crime and keep communities（社区）safe.

IELTS 作文对用词的核心要求是准确，并不需要很难，但如果一个大学生甚至大学毕业的人长期沉迷于初二词汇，那就是公然卖萌了。对于 IELTS 写作用词的全面总结请看本书 Day 7 和高分卷（D）。

改错 4 ***Junk food advertisements are everywhere. They attract the attention of young people.***

分析： 句式过于短促，有 rap 的效果。IELTS 写作不需要"长难句"，但如果全文都是这样的超短句，examiner 肯定要开始跳"街舞"了。本句里可以把 They attract 改为现在分词 attracting，同时把它前面的句号改为逗号。

改错 5 ***Make sure that globalisation does not threaten our own traditions*!**

分析： 祈使句（用动词原形开头的、表示建议或者命令的句子）是不能用在学术写作里的。而且这句话的感情色彩过于强烈，有 love letter 的效果，应该把句尾的“!”改成句号。请注意不要把你的雅思作文写成“咆哮体”。

改错 6 ***We should be friendly to others because the Bible said*, “*Treat your neighbours as you would like to be treated.*”**

分析： 圣经在西方确实重要，但在绝大多数英美大学里，宗教信仰（religious faith）是不可以作为 academic essays 的论据的。类似地还有国内同学们比较“粉”的英语谚语（proverb），在英语国家大学里事实上并不允许被当作学术写作的论证依据。

IELTS 作文里是否可以使用 I 和 we?

这个问题看起来比较“菜”，其实是一个很专业的问题，甚至涉及到英文学术写作的本质。

在英语国家大学里，有很多“叫兽”是明确反对在学术论文里使用 I 和 we 的，因为会让学术论文显得过于主观。有些比较勤快的“叫兽”看到专业论文里出现这两个词时甚至还会兽性大发，勒令学生改正。

那么在 IELTS 写作中是否可以使用 I 和 we 呢?最权威的答案，就是 Cambridge English Language Assessment 提供的真实范文。

我们来看从《剑 9》到《剑 11》的这一连串官方范文实例：

剑 9 第 167 页结尾段：In my opinion, ...

剑 9 第 167 页第 2 段：... we would be more likely to ...（我们更有可能会……）

剑 10 第 162 页开头段：Therefore I have to disagree ...

剑 10 第 166 页开头段：I believe that ...

剑 11 第 137 页第 3 段：By this I mean that ...

剑 11 第 137 页结尾段：I believe that learning ...

这也太帅了，让我哭会儿……如此之多的剑桥官方实例（实际上是剑 7、剑 8、剑 9、剑 10 和剑 11 的几乎所有 7 ~ 9 分范文）竟然全都含有 I，而且其中一些还旗帜鲜明地使用了 we。

所以，虽然在国外大学里写专业论文时我们确实应该避免使用 I 和 we，但是在写 IELTS 议论文时确实没有必要对适度使用的 I 或者 we 感到"噤若寒蝉"甚至"如履薄冰"了。

Bonus Question

同样的意思是否用字数更多的英语表达才更拿分?

论证是一种能力。IELTS 作文对于用词的要求**是准确** √ **而不是"冗长"** X。地道英文写作对于冗词（用简单的话说就是"啰嗦"）其实是非常排斥的。例如下面左侧的这些表达，由于用词的意思重复，在国外大学论文里一般都会被专业教授强制改为右侧的表达方式：

The reason is because... → **The reason is**...

new innovations → **innovations**（创新）

repeat again → **repeat**

past history → **history**

cooperate together → **cooperate**（**with sb.**）

IELTS 作文里唯一可以接受的"冗语"是 **There be** 句型。这个句型由于略显拖沓，在英语国家的大学论文写作时有些教授并不推荐自己的学生们使用，但是在剑桥给出的 IELTS 范文里面 there be 句型却屡见不鲜。比如下面这三个考官范文里的例句：

There are two main causes of pupils' behaviour problems.

Some people think that this is not important because life will be easier if **there are** fewer languages in the world.

There are, however, some disadvantages.

思考题

请思考为什么下面这句“名人名言”从英语写作的角度看是存在着冗余内容的：

“I never make predictions, especially about the future.”

— Samuel Goldwyn

（请您记得及时完成《作业本》Day 1 里对应的练习）

Mission Statement

— 3类句子

— 英文句子的审美观

Day 2

你写的句子读起来为什么“作”

A Farewell to Convoluted Sentences

The most fundamental rules tend to be simple.

— *Pat*

写句子似乎永远都是中国考生心中的痛，每写必错。老师教写句子是为了让学生把作文写好，为什么学生们的作文却越写越让人费解、甚至让人完全看不懂呢?原因其实只有一个：老师教的句子过于复杂，虽然老师是善意的，但结果却是“一厢情愿”。

在地道英文里有个很有名的说法叫“KISS principle”，KISS 四个字母都大写，等于“Keep it simple，stupid.”（简单就是美）。

请看由 Cambridge English Language Assessment 提供的一篇7.5 分考生作文里面的这段话：

On the other hand，there are various aspects against these arguments. It is people's choice to make a decision to buy goods. Advertising may be not a cause of customers' buying habits. Individuals have their own spending habits. If they have got enough income，then the right to make a decision is given to them. No one can actually judge whether the goods sold are the real needs of the society or not.

这些难道都是长难句么？事实是：剑桥考官们自己并没有追求过“精彩得惨绝人寰”的效果。

要根治中国同学们的句子含义令人费解、语法错误遍布的最有效方法就是坚持写：

平实　易懂　不长也不难

的句子。具体地说，这3个要求分别是指：

平　实	把简洁的句子写通顺才是关键，简单句、并列句和基础的复杂句只要写通顺、写正确都是可以拿分的
易　懂	把意思讲清楚才是考生的首要任务，不要追求回肠荡气的“文艺感”
不长也不难	只写你自己真正能够驾驭的句子，让考官“数词数到手软”的长难句只会让考官觉得你是在故意挑衅

写好 3 种句子

IELTS 作文的句子永远就是 3 种：简单句、并列句和复杂句。IELTS 写作的本质就是在这三类句子之间不停地折腾，考试不完，折腾不止。

1. 简单句

认为简单句就等于“简陋句”是国内同学的常见认识误区之一。在雅思培训界盛传的一种说法是：“写简单句你就死定了”。如果这种说法真的成立，那么雅思考官们自己就已经死了很多次了，因为几乎所有剑桥官方的考官满分范文里面都含有简单句。

请仔细体会下面这些丝毫也不“丢人”的简单句：

简单句例句

- Teenagers **do not have** many after-school activities. （《剑 9》8 分范文里的简单句，您肯定没想过原来真实 8 分考生范文里的句子也可以这么“平易近人”）

- Learning a new language for the purpose of working in other countries **seems to** become more and more popular. （《剑 11》7 分范文里的简单句，7 分虽然不能算是非常高的分数，但肯定也不能算是“死定了”的分数）

- The question **depends on** the age of the child. （《剑 10》考官范文里的简单句，如果考官们真的对简单句“零容忍”，写这样的句子难道是想自己“打脸”么）

由此可见：剑桥考官们其实并未完全摒弃简单句，写简单句绝不是“屌丝”的代名词。

2. 并列句

并列句的本质就是“**主谓结构 + 主谓结构**”，两个主谓结构中间用 **and / or / but** 这 3 个词当中的一个串起来。

下面都是官方范文里的并列句实例：

并列句例句

❖ Poor student behaviour is a widespread problem **and** modern lifestyles are responsible for this.

❖ Children can be educated about environmental issues, **but** adults need to take action.

3. 复杂句

复杂句的核心结构还是"**主谓结构 + 主谓结构**"，但它和并列句的**区别**在于：复杂句内部主谓结构之间的连词并不是 and / or / but，而是更复杂的连接词。

基础复杂句是由一个主谓结构和另一个主谓结构组成的复杂句。其中，**不含连词的那个主谓结构叫作主句，含有一个连词的那个主谓结构叫作从句**。对基础一般的同学来说，一定要牢记：写好基础复杂句才是你首先应该掌握的能力。当你把基础复杂句练习熟之后，就会发现更难的复杂句其实是很自然地写出来的，而不是强迫自己"拽"出来的。如果走得还不稳就先学跑，只会导致错误连篇，甚至对写英文复杂句产生严重的心理障碍。

下面这些例句准确体现了剑桥官方范文里的"主流"复杂句的真实难度：

复杂句例句

❖ I tend to agree **that** clothes can tell us some basic things.（剑 11 例句）（主句 + **that** 引导的宾语从句）

❖ The main concern is about the type of computer activities **that** attract children.（**that** 引导的定语从句）

❖ The gap between their salaries and those of people **who** work for the good of society is not fair.（**who** 引导的定语从句，修饰 people）

❖ Responsibility is developed in the child, **which** leads to better behaviour.（由 **which** 引导的定语从句，修饰前面的主句）

❖ Countries are becoming more and more similar **because** people are able to buy the same products anywhere in the world.（**because** 引导的原因状语从句，说明前面这个现象的原因）

❖ If parents could raise children to be responsible people, the whole community would benefit.（If 引导的条件状语从句，提出后面的主句成为事实所需要的条件）

❖ When they get to school age they have not learned any self control.（由 when 引导的时间状语从句）

❖ Some people think this is completely wrong, while others believe it is valuable work experience.（while 引导的状语从句，和前面的主句进行对比）

连剑桥官方给出的句子都这么平实易懂，你为什么还要执着于“长难句”呢？

事实上，在由剑桥官方提供的高分范文里，**大多数复杂句只有1~2个从句，有时会加上1~2个介词短语或分词短语，但句长主要是落在12~20个词这一区间里面**。至于传说中含有3~4个从句的“无敌长难句”，在考官笔下绝对是少数，就算好不容易“倒腾”出来了，语言效果也未必就更佳。

IELTS 写作，真心不应该是长难句的“魔兽世界”。

（请记得及时完成《作业本》Day 2 里对应的练习）

* * *

选择题 你有一个朋友，喜欢写特别长的复杂句，而且还是从句套从句的那种，就是错误多了点儿。你对这个朋友的态度应该是：

- □ (a) 膜拜
- □ (b) 鄙视
- □ (c) 挽救他 / 她
- □ (d) 把他 / 她的照片设成屏保
- □ (e) 我交朋友不太在乎他 / 她写句子是不是简洁，反正都没我写得简洁。

Mission Statement

— 7类必须避免的错误

— 显微镜下的易错词

Day 3

知错就改
——语法和用词的陷阱

The Most Common Mistakes

Learn from your mistakes and try again.

— *Pat*

曾经有学生问 Pat："老师，我的语法很烂，高考英语只考了 80 分（满分 150），考雅思还有希望吗？"

什么叫英语语法?英语语法就是英语写作和说话的章法。它应该是一种非常简明实用的规律，如果章法太多了，就不再是章法，而是束缚。

在战略上，写"**平实、易懂、不长也不难**"的句子就是提高写句子准确度的最好方法。而在战术上，一只在准确度方面步履蹒跚的"烤鸭"必须做到两点：

① 提高语法的准确度；

② 提高用词的准确度。

雅思写作语法的 7 宗罪

由 Brad Pitt 和 Morgan Freeman 主演的悬念电影 Seven（《七宗罪》）曾在美国连续 10 周占据票房排行榜首位。下面我们就来学习怎样避免雅思写作语法中最常见的"七宗罪"。

 IELTS Writing Test

先请您检测自己的“语法视力”:

请从以下的句子里找出它们各自含有的语法错误（每句话里面只含有一个错误），然后再核对讲解部分。如果您挑错的命中率少于 8 句，那就务必立刻开始正视自己的语法问题了，因为这说明您是典型的“语法近视症患者”。如果您能准确地找出 12 个或者更多的错误，说明您判断语法错误的眼神“很毒”。

1. Allow employees to work from home can help employers to reduce costs.

2. Electric cars can use energy more efficient than traditional cars.

3. Some companies have plans to replace for their human workers with robots.

4. They think about that smoking should be banned in public places.

5. Some employees are like the freedom to choose where they work.

6. Because many parents do not spend enough time with their children.

7. The results of space research has increased our knowledge about our own planet.

8. There are many websites that helps children with maths.

9. Many private companies do not understand its responsibilities for protecting the environment.

10. An ageing population means a heavier tax burden on worked adults.

11. Students are expected to sit quietly and pay attention on their teacher.

12. Parents should encourage their children exercising regularly.

13. They argue that, large cities can provide a higher standard of living.

中国考生写作语法高频错误详解

第1宗罪 丢东西

中国同学们在句子里丢的成分可谓五花八门，从丢掉最短的冠词一直到丢失从句甚至主句，完全没有下限。其中被猛男们和女汉子们丢得最多、最狠的是以下这两种情况：

Lost & Found

例题 A: Allow employees to work from home can help employers to reduce costs.

» **说明：** 动词 allow 引出的短语成了句子的“伪主语”。

» **语法规律：** 在地道英文里，**动词原形绝不能作主语**※。如果您真的很想用动词作为一句话的主语，那么请把它改成动名词（verb + ing）的形式

【剑 11 例句】Learning a new language seems to become more and more popular.

【剑 10 例句】Making the punishment fit the crime is a useful nction.

» **改法：** 把动词原形 Allow 改成动名词 Allowing，就可以顺理成章地作主语了。

例题 B: Electric cars can use energy more efficient than traditional cars.

» **说明：** 形容词 efficient（高效率的）再高效也不能修饰 use energy 这一行为

» **语法规律：** **修饰名词应该使用形容词，修饰动词则应该使用副词**。

» **改法：** 给形容词 efficient 补上后缀 ly，构成副词 efficiently，才能“合法地”修饰 use energy 这个动作

※ 所谓动词原形，就是一个“纯”动词，既不是-ing 形式，也不是-ed 等经过了“加工”的形式。

第2宗罪 多东西

多东西听起来不像丢东西那么值得检讨，因为毕竟是“多了”而不是“丢了”。但如果句子里无端冒出多余的成分，对于语法结构的杀伤力其实一点都不比丢成分小。

例题 A: Some companies have plans to replace for their human workers with robots .

» **说明：** replace 本身就是一个及物动词，所以在它和宾语（their human workers）之间就不能再有介词了。

» **语法规律：** **及物动词必须直接跟宾语，在及物动词和宾语之间不能用介词。** IELTS 作文里特别容易被用错的及物动词还有：achieve（实现某个目标），create，enjoy 和 prevent（防止）。

» **改法：** 去掉及物动词 replace 和它的宾语 their human workers 之间的介词 for 就对了。

例题 B: They think about that smoking should be banned in public places.

» **说明：** 在 think 和 that 引导的从句之间不能再出现 about。

» **语法规律：** 还有，很多中国同学爱写的 are worried about + that 从句 ✗ 同样也是错的，必须去掉 worried 和 that 之间的 about 才对。

【剑 11 例句】Some people think that university students should study whatever they like.

【BBC 例句】Managers in the UK are worried that these computer problems can damage equipment.

» **改法：** 去掉 think 和 that 从句中间的 about。

第3宗罪　不是东西

丢东西和多东西虽然令人费解，但至少都还有迹可循。而“不是东西”这种语法问题却会产生很多让人根本无法解释的错误。

例题 A: Some employees are like the freedom to choose where they work.

» **说明：**在英美口语里面确实常说... are like...，表示“是……那样儿的”。但在这句话里写 are like 却相当令人费解。因为 like 在这句话里表示喜欢，是一个动词，所以它前面就不能再有动词 are 了

» **语法规律：**只有情态动词的后面才可以紧跟另一个动词的原形。其他动词均不能享受这种特权。雅思作文里最常用的情态动词有：can，may，should，以及在表示客气地假设或者提出建议的虚拟语气里常用的 could 和 would。

【剑11例句】The way someone dresses can be misleading.

【剑9例句】Pupils may gain a better understanding of other cultures.

» **改法：**去掉动词 like 前面的动词 are。

例题 B: Because many parents do not spend enough time with their children.

» **说明：**这个句子里用了因果连词 because，看起来有模有样，但是整个句子里只含有连词和一套主谓结构，所以这个“句子”其实只是在用一个从句来吓唬小伙伴而已，生是把主句给丢了（您别大惊小怪，像这样丢主句的“神迹”在烤鸭们的作文里真的比比皆是）。

» **语法规律：**不能把一个连词加一套主谓结构错误地看成是完整的句子。

» **改法：**去掉 because 把这个主谓结构变成简单句，或者给这个主谓结构补上主句形成复杂句都是可以的。例如：Many children feel lonely and unhappy because their parents do not spend enough time with them. 这样，这句话在语法上就成了一个既含有主句又含有从句、“遵纪守法”的复杂句了

第4宗罪 基础算术问题

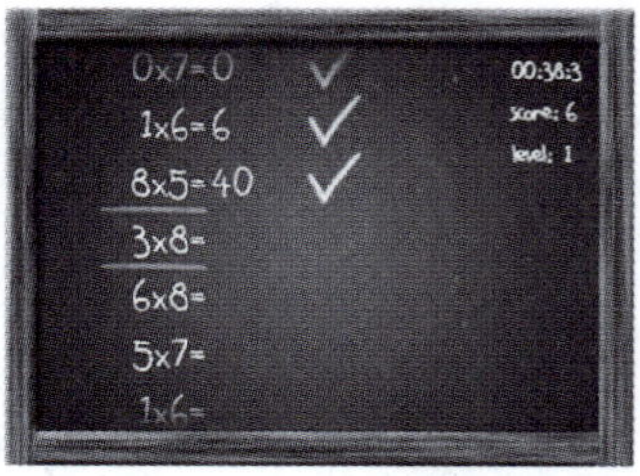

中国学生的数学好是不争的事实，在英美留学生里从整体来看只有印度学生才能向中国学生的数学水平叫板。那么问题来了：一到要用英语写作文的时候，即使只涉及最简单的数字问题，也会让很多中国孩子犯晕。

其实只要认真总结，我们会发现雅思写作语法涉及到的数学问题都很初级，比《龙门镖局》片头的数学公式要简单多了。

例题 A: The results of space research has increased our knowledge about our own planet.

» **说明：** 当主语比较长的时候，必须看清主语里的主干到底是哪一个名词，只有这样我们才能准确地判断谓语动词是否应该用第三人称单数 -s 的形式（也就是传说中的“单三”）。在这句话的长主语（The results of space research）里面，of space research 只是起修饰作用，results（结果）才是这个长主语里面真正的主干名词。

» **语法规律：** **谓语动词的单复数必须和主语里面的主干名词的单复数一致，不要被长主语里面的修饰成分迷惑。** 同时要提醒中国同学们注意的长主语形式还有：One of the + 复数名词（它后面的谓语必须用“单三”形式，因为这个长主语里面的主干是 one，而不是后面的复数名词）。

【剑 10 例句】One of the duties of parents is to make an informed choice about how many toys they buy.

» **改法：** 这句话里主语的主干名词 results 是复数，所以应该使用 has 的复数 have 才能保持主谓一致

例题 B: There are many websites that helps children with maths.

» **说明：** 由 that 引导的定语从句修饰的是复数名词 websites，所以 that 从句里面的谓语动词就应该用复数形式 help，而不应该用“单三”形式 helps

» **语法规律：**定语从句里的谓语动词是否要用“单三”，**由这个定语从句所修饰的名词到底是单数还是复数来决定**。

» **改法：**把定语从句里的 helps 改成和这个定语从句修饰的复数名词 websites 一致的 help。

第5宗罪 指代的问题

例题 A: Many private companies do not understand its responsibilities for protecting the environment.

» **说明：**这句话里的 companies 是复数，所以用 its（它的）指代 companies 所具有的可就是指代不清了。

» **语法规律：代词和它所指代的名词之间相隔比较远时，中国同学们特别容易出现代词指代的错误**。所以，在练习写作的初期，每次用代词指代一个名词的时候，都应该追问自己这个代词指代的名词到底是单数还是复数。熟练之后，就不需要这样“千万次地问”了。

» **改法：**指代复数名词 companies 所具有的，应该使用 their，而不是 its

例题 B: An ageing population means a heavier tax burden on worked adults.

» **说明：**这句话里面出现了两个分词（ageing 和 worked），an ageing population 是很地道的英文搭配，但是 worked adults 却着实让人看不懂

» **语法规律：**修饰一个名词时，**现在分词通常表示主动含义，而过去分词则通常表示被动含义**。这句话里显然应该是“工作的成年人”，而不是“被工作的成年人”。

» **改法：**把 worked adults 改为 working adults 才符合地道英文的搭配习惯。

第6宗罪 搭配的问题

英语里的搭配就是指有些词说不出理由为什么必须放在一起，但是当它们同时搭配出现时，在 native English speakers 眼里看起来就是更“顺眼”。搭配的本质是一种惯用法。

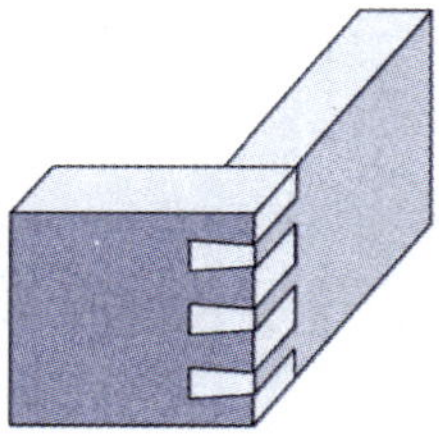

例题 A: Students are expected to sit quietly and pay attention on their teacher.

» **说明：** 提示这么基础的问题也许会显得婆婆妈妈，可 Pat 确实亲眼目击了考生作文里面的那一个个 pay attention on ╳。注意：**pay attention 一定不能和 on 搭配。**

» **语法规律：** 英语里面的介词搭配林林总总，但从写作应试角度讲，您只需要记熟：

① 动词和介词的搭配：lead to…（导致，带来），suffer from…（遭受某种痛苦），depend on…（依靠），invest in…（投资于），agree with / disagree with（它们的宾语是某类人或者某种观点，而中国同学们爱用的 agree to 在地道英文里其实是指某人同意去亲自参与某一计划，在雅思作文里**极少**使用 agree to）。

【剑 10 例句】 I disagree with the given statement.

② 名词和介词的搭配：effects on …（对某事物所产生的影响），influence on …（对于某事物的影响），a reason for… / reasons for…（您可绝不能再写 a reason of / reasons of 了）

记熟以上介词的搭配，您就已经可以避免多数中国考生常犯的介词搭配错误了。

» **改法：** 把 pay attention 后面的 on 改成 to

例题 B: Parents should encourage their children exercising regularly.

» **说明：** 要写“鼓励某人去做某事”，地道英文里应该用 encourage sb. to do sth. 的固定搭配，而不能写 encourage sb. doing sth. ╳。

» **改法：** 请把 encourage their children 后面的 exercising regularly 改为 to exercise regularly

第 7 宗罪 不只是“一点儿”的问题

第 7 宗罪涉及的都是很细小的问题，但它们对句子语法结构的危害性可不小。

例题： They argue that, large cities can provide a higher standard of living.

» **说明：** that 和它引导的从句之间的逗号让这个本来应该干脆利索的句子变得不伦不类了。中国同学们在作文里滥用逗号的现象实在太常见，很多时候 Pat 给学生改作文的过程就是“战逗、祛逗”的过程。

» **语法规律：** 在 that 和它引导的从句之间绝不能写逗号，而且也不能在：① because ② while ③ such as 这三个词的后面紧接着写逗号

【剑 11 例句】 I believe that（这里不能写逗号）learning a different language should satisfy our needs.

» **改法：** 坚决去掉 that 后面的“小尾巴”。

3类“微错误”

还有三类错误纯属粗心问题，Pat 过去也曾一直觉得这么过分的错误中国同学们肯定不会犯，直到我的膝盖中了一箭：

(i) 如果想写被动语态，却忘记了给 be 后面的动词加-ed，那么你将被扣的分数其实并不会比任何一种“高端”语法错误少；

(ii) 双重比较级（比如 more happier；more faster 之类）不符合中英文的任何一种逻辑，除了改正你别无选择；

(iii) 除非您确定要讨论过去发生的事情，或者真的打算使用虚拟语气，否则就不要在议论文里突然“空降”过去时。

IELTS 作文的语法其实并不要求 error-free，但对于以上这些最常见语法错误是应该尽力去避免的，否则可就不是能力问题，而是态度问题了。☺

中国考生在 *IELTS* 作文里最容易失手的词汇总结

Pat 把同学们在作文里的常见用词错误按照出现频率从低到高进行了排队，越靠后的错误在同学们的作文里就越是“停不下来”。

relatively

错误原因：它是一个副词，表示“相比较而言地”。这个词在中国孩子们的作文里被用错的常见原因是：在地道英文里 relatively 后面必须跟**形容词的原形**，而中国孩子们却总是喜欢在它后面用形容词的比较级 ╳

BBC 例句： The amount of money taken is relatively small. （如果误写成 relatively smaller 就明显是一位“业余选手”了）

affect

错误原因：affect 是表示“影响……”的及物动词，有很多同学把 effect 错当成 affect 使用而且还乐此不疲，其实 effect 是表示影响的名词

BBC 例句： More extreme weather will affect the UK as a result of global warming. (affect 是“影响”，它是一个及物动词)

剑 10 例句： Wealthy parents might spoil their son or daughter with toys, resulting in a negative effect on the child's character. （effect 也是“影响”，但它是一个名词）

extent

错误原因：这个谁都认识的词却已经给 Pat 带来了严重的心理障碍，就因为它还有个长得特像的亲戚：extend

（1） extent 是名词，表示“程度”，它在大作文考题里极为常见

剑 11 例句： Governments should spend money on railways rather than roads. To what extent do you agree or disagree with this opinion?

(2) extend 是动词，表示“延伸”的意思，它在大作文考题里极少用到，但是在小作文的地图题(Map)里有时会见到它。

spended，sended

错误原因：这两个很多中国同学偏爱的“过去式”其实是地道英文里根本就不存在的词。请您牢记正确的变形：spend（原形） spent（过去式和过去分词）
send（原形） sent（过去式和过去分词）

knowledge

错误原因：这个名词永远不能加-s。每当看到有同学把这个词的前 9 个字母都拼写对了，却“手滑”在它后面加字母 s，Pat 都会感觉太可惜了。实在记不住您就把“知识是真的不能加复数的”写 10 遍然后贴在一个好朋友的脑门上

information

错误原因：“信息”也不能加 s，如果还记不住那就再贴一张

equipment

错误原因：在英文里，“设备”也是不可数名词，考官看到 equipments ✗ 不会“不明觉厉”，只会立刻开启攻击模式

advice

错误原因：“建议”也不可数，不论多么宝贵的建议都必须保持单数

potential

错误原因：每次看到同学们的作文里在“潜力”potential 后面加 s，Pat 就联想到那些浑身硬块的 bodybuilders，咱们普通人的潜力可都是抽象的，不能加 s

经济学人例句： The training opportunities can help employees to achieve their potential.

behaviour

错误原因：在英美学术专著里，“行为”behaviour 有时确实会用复数形式。但在雅思作文里，behaviour 总是作不可数名词

剑 10 例句： Responsibility is developed in the child, which leads to better behaviour.

rise / raise / arise

错误原因：用混这三个词的人咱们根本伤不起，因为已经足够一个集团军了。请区分：

（1）raise：**及物动词**，指提高（某事物）或者抚养（孩子）；
（2）rise：**不及物动词**，指自身上升；
（3）arise 也是**不及物动词**，在地道英文里它其实是指某个现象或者问题“出现”，意思接近于 emerge，跟上升一点关系也没有，如果非要用它表示“上升”就只能让分数“下降”

result in / result from

错误原因：这两个短语的意思正好相反，却偏偏有“一大票人”都把它们给用混了：

（1）result **in** ...是“导致某事物”，意思接近于 lead to
（2）result **from** ...是“由某事物所导致”，意思接近于 be caused by

窍门：在雅思作文里，result in 要比 result from 更常用，如果实在担心自己记混，那就只记 **result in** 好了

经济学人例句：The hospitals argue that their agreement would **result in** better health care.

outweigh

错误原因：它的意思是“比……更重要”，切记：它的结尾没有字母 t

剑 10 例句：Do you think the advantages of charging people for admission to museums **outweigh** the disadvantages?

modern

错误原因：在理性可以理解的范围内，modern 这个词实在不该错，可 Pat 就是经常看到像 morden ╳ 这样老干妈配雪糕似的“乱拼”（中国同学们作文里的各种拼写错误请看本书附录 A）

in a word

错误原因：Pat 注意到有大量的国内同学甚至老师喜欢把它放在结尾段的开头当成“总而言之”的意思。可惜的是：**in a word** 其实是一个相当口语化的表达，在英美

大学学术写作里极少使用

nowadays

错误原因： 必须注意 nowadays 结尾有一个字母 s，而且请牢记：nowadays 在地道英文里只能作**副词**，不能作**形容词**。如果要表达**形容词**“目前的”，请改用 present 或者 current

economy

错误原因： 在相当一部分烤鸭手里，连经济也成了作文里的“高危”词汇。请区分：economy 是名词“经济”，economics 是名词“经济学”，economic 是形容词“与经济有关的”，economical 则是形容某种事物“省钱的”

经济学人例句： Immigrants also pay taxes and contribute to the economy.

lack

错误原因： 这个看起来很 cute 的小词在烤鸭们的作文里却几乎是“每用必错”，必须“严打”了：

（1）当 lack 作**动词**的时候，是一个及物动词，也就是说：lack 作动词时，在它和宾语之间不能写任何介词

Guardian 例句： Many young people lack the skills that they need at work.（在这句话里，lack 作动词，所以这时它的后面应该紧跟宾语，在它和宾语 the skills 之间不能有任何介词）.

（2）当 lack 作名词的时候，它的后面则必须有介词 of

BBC 例句： Lack of exercise increases the risk of heart disease in children.（lack 在这句话里作名词，所以在它和宾语之间就必须写 of）.

benefit

错误原因： 每位考生都知道 benefit 作名词时是“益处”。但是当它作动词时，却成了中国同学们作文里排名第一的“坑爹词”：

（1）benefit 作及物动词时，表示“对……有益”，这时在它和宾语之间**不要**写任何介词

BBC 例句： This free programme can benefit low-income families.

（2）而短语 benefit from 则表示“从……当中获益”

BBC 例句： Low-income families（低收入的家庭）can benefit from this free programme.

分清 benefit 作动词时的这两种不同用法，就能让 benefit 在您的作文里真正做到“有益无害”了☺。

*　　*　　*

用词错误往往是中国同学们作文里的“标配”。根本原因是很多同学为了追求华丽的辞藻而忽视了词汇的正确用法。其实对于 6－7 分的作文来说，用词的准确度远比用词的高难度更重要。世界那么大，为什么非要陷在 native speakers 并不常用的生僻词里不能自拔呢?努力提高用词的准确度，避免滥用自己并没有把握的大词、怪词，理应成为您在 IELTS 写作用词时的“新常态”。

（请不要忘了及时完成《作业本》Day 3 里对应的练习）

Mission Statement

—快速选定文章结构

Day 4

经得起推敲的结构

Building a Sound Structure

It takes courage to simplify.

— *Pat*

很多同学问我："小嶷，西方人喜欢看四段式还是喜欢看五段式?"

其实这个问题本身就存在着问题。如果我问您："中国人喜欢看四段式还是五段式?" 您是不是觉得这个问题很 BT 呢?中国有 13 亿人口，评价一篇作文，有的人会倾向于四段式，有的人会支持五段式，完全是个人偏好的问题，怎么能够以偏概全地说所有的中国人全都喜欢"X 段式"呢?

同理，仅英、美、加三个英语国家的人口总数就已经超过了 4 亿，老师又怎么能空泛地说"西方人"都喜欢几段式呢?事实上，在当代英语国家的中学里，作文强调的是内容充实、有说服力，老师们并不会"法西斯"地规定学生们必须采取何种态度。进入大学后，教写作的老师们也各有自己欣赏和推荐的写法，但都只是个人偏好而已，并没有哪种写法"一统江湖"。即使是对专业论文格式要求最严谨的 APA，MLA 和 Chicago style，也从不硬性规定学生必须持哪种立场或者必须写几段。特别是 short essays，Pat 甚至见到过全文只写了三段还拿到 A 的 short essays。

但具体到 IELTS 写作考试，我们可以说多数剑桥考官明显更偏爱折中式：《剑 4》~《剑 11》里面超过 90% 的高分范文（7 ~ 9 分）都采用了折中式写法（**即对正反两方面都进行论证，但更倾向于其中的一方**）。

今天，我们就来把长期困扰中国同学们的 IELTS 作文结构看个真真切切，明明白白。

4 段式 PK 5 段式

（1）一个很关键的判断过程

要理顺文章结构，我们需要先对雅思议论文的出题方式进行归类。IELTS 大作文按照出题类型可以分成两类：

Report
Argument

Report（分析解释类）是题目里不给出任何观点，只是给出一种现象，要求你分析这种现象的 causes 原因、solutions 解决方案、problems 所带来的问题、factors 影响因素、measures 应对的措施、effects（或 influence / impact）影响等。

Argument（辩论类）就是要求考生辩论观点或者比较利弊的考题。

在最近十年的亚太区考试里，每年 Report 题型都只占全年考题的 15% ~25%。所以如果备考时间确实很紧张，那么从概率的角度就应该先重点掌握 Argument。对于 Report 作文，熟悉作文结构并且认真研读 2 ~3 篇范文就好了。

判断练习 请迅速判断下面各真题的类型：

① Some people say that the only reason for learning a foreign language is in order to travel to or work in a foreign country. Others say that these are not the only reasons why someone should learn a foreign language. **Discuss both these views and give your own opinion.**（剑 11 test 3）

② In many countries, the amount of crime is increasing. **What do you think are the main causes of crime? How can we deal with those causes?**（剑 10 test A）

③ Today, multinational companies and their products are becoming increasingly important. Some people think that this trend is damaging our quality of life. **Do you agree or disagree?**

④ Governments should spend money on railways rather than roads. **To what extent do you agree or disagree with this statement?**（剑 11 test 1）

⑤ In some countries the average weight of people is increasing and their levels of health and fitness are decreasing. **What do you think are the causes of these problems and what measures should be taken to solve them?**（剑 8 test 4）

⑥ Many governments think that economic progress is their most important goal. Some people, however, think that other types of progress are equally important for a country. **Discuss both these views and give your own opinion.**（剑 11 test 4）

⑦ People today can perform many everyday tasks, such as shopping or banking, without meeting others face to face. **What effects will this trend have on individuals and society as a whole?**

⑧ Many museums charge for admission while others are free. **Do you think the advantages of charging people for admission to museums outweigh the disadvantages?**（剑 10 test 4）

（正确答案：2、5、7 题为 Report，其他的都是 Argument）

其中，Argument（俗称“阿狗”）又可以分为四种提问方式。

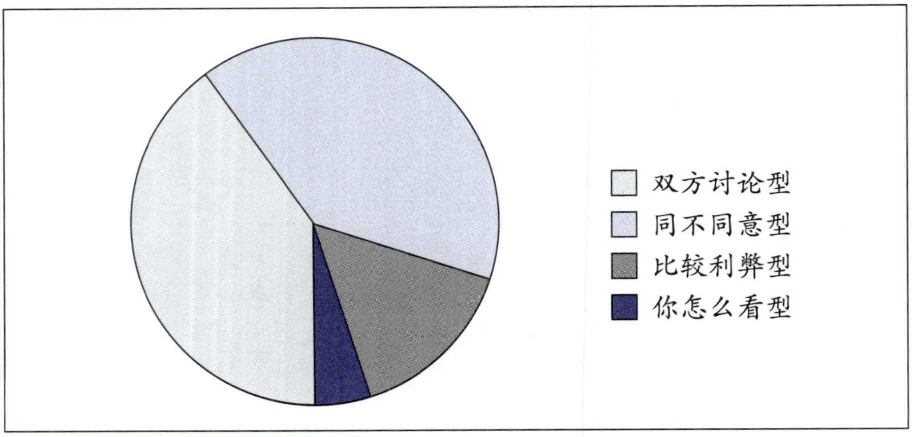

Figure 1. Frequency distribution

Argument（“阿狗”的 4 种提问方式）

Type No.	表述方式	中文别名	出现频率	是否可以写一边倒
1	Discuss both these views and give your own opinion.	双方讨论型，D & G 型	高	╳ 如果考题里已经明确要求了 discuss both views，您还非要顶风违纪、只讨论其中一方观点的话，那么被扣分将是没有悬念的
2	Do you agree or disagree? / To what extent do you agree or disagree?	同不同意型	高	√ 这种题型允许考生根据实际情况选择写毅然决然的一边倒或者写更平稳的折中式
3	Do you think the advantages outweigh the disadvantages? / To what extent do you think the benefits outweigh the drawbacks?	比较利弊型	中	╳ 尽管在实际阅卷时会有少数 examiners“放水”，但是按照严格的逻辑关系，如果只谈 advantages / benefits，或者只谈 disadvantages / drawbacks，而对另一方完全避而不谈的话，那么将会导致 outweigh（重要性大于或重要性超过）这个考题关键词被架空（not addressed）

（续表）

Type No.	表述方式	中文别名	出现频率	是否可以写一边倒
4	What is your opinion? / What is your view?	你怎么看型	低	可以根据题目具体内容把它转化成上面三种提问当中的一种来确定

从确定结构的角度来说，在拿到一道议论文题目之后我们首先必须做的就是判断它属于Argument还是属于Report。如果是Argument，那么就必须看清它到底属于上述的哪一类Argument。如果是Report，那么就必须看清它到底是要求分析causes，solutions，measures，problems还是effects / influence / impact。

这个判断过程是确保你的作文结构不会出现大的方向偏差的前提，绝不是浪费时间。

（2）现在轮到你来做出一个选择了

雅思作文不是“八股文”。只要能够把问题讲清楚、写出说服力，雅思作文结构完全可以是灵活多样的。但从考场实战角度来讲，四段式（four-paragraph structure）和五段式（five-paragraph structure）是相对最容易操作的两种选择。而且，《剑4》~《剑11》提供的考官范文也直接证明了剑桥对这两种结构的肯定。

Argument的四段式结构可以概括为如下形式：

I	1~3句
II	1+ 5~6句
III	1+ 3~4句
IV	1~2句

Argument 的 4 段折中式详细结构表	
（I）开头段，写1~3句话	第一句：介绍社会背景，这句话如果觉得累赘是允许不写的。写一个简洁的开头段其实是挺好的选择，因为这样可以进一步突出主体段的论证部分。

（续表）

Argument 的 4 段折中式详细结构表	
（I）开头段，写 1 ~3 句话	第二句：转述题目里面的话题。这句话必不可少。 第三句：陈述你自己的态度。从《剑 4》~《剑 11》里的考官范文实例可以看出：在 D & G 型和比较利弊型考题里，剑桥是允许在开头段里先不写明自己的观点，留到结尾段再表明的。但是，在同不同意型的官方范文里，考官们则无一例外地都是在开头段就亮明了自己的态度。
（II）主体的第一段论述你所倾向的那一方	在全文的第二段里论述自己更倾向的一方 第一句：概括你倾向的那一方的观点。如果感觉这句话与开头段的最后一句话内容看起来重复，那么这句话允许选择省略。 第二句：提出这种观点的第一个分论点（也就是本段的 **reason 1**）。 第三句：对第一个分论点进行展开支持（也就是 reason 1 的展开支持句 **supporting sentence**）。展开支持句是主体段里最能体现出一名考生论证实力的部分，必须努力去写充实。只要时间够、想法够，那么对每个 reason 都可以多写几句展开支持句，让实质论证的部分更有说服力，我们还将在 Day 6 和作业本里看到实例。 第四句：本段观点的第二个分论点（即本段里面的 **reason 2**）。 第五句：对第二个分论点进行展开支持（即 reason 2 的展开支持句 **supporting sentence**，如果可以想出不只一句也可以多写，进行实质深入论证的能力是夺取 Task 2 高分最重要的能力）。 相应地写出第六句（第三个分论点，即 **reason 3**）和第七句（即 reason 3 的展开支持句）。注意：如果在本段前部对 reason 1 和 reason 2 进行了比较深入的展开支持，那么 reason 3 和它的展开支持句就允许省略不写，以免全文过长或用时过久。
（III）主体的第二段进行让步	全文的第三段写让步段，论述自己不太倾向的一方 第一句：概括这种观点。

（续表）

Argument 的 4 段折中式详细结构表	
（III）主体的第二段进行让步	第二句：提出这种观点的一个理由（即本段里面的 **reason 1**）。 第三句：展开支持这个理由（即 reason 1 的展开支持句 **supporting sentence**）。 第四句：提出本段里面的 reason 2，或者提出 reason 1 的不严密之处来进一步弱化让步段的观点。本句的这两种写法都很常见，剑桥官方四段式范文里有 2 / 3 左右是用前一种方法写的，后一种写法占 1 / 3 左右。 第五句：展开支持前一句话（即前一句话的展开支持句 **supporting sentence**）。
（IV）结尾段，写 1 ~2 句话	结尾总结 第一句：概括在让步段里自己不太倾向的那一方。这句话有时也可以与第二句合并成一句话。 第二句：重申自己更倾向的那一方，这句话有时也可以和前一句合并成一句话。 最后一句：提出政府 / 媒体 / 家长 / 教师等应该怎样做的建议。请注意：如果想不出紧密结合主体段内容的建议，那么这句话可以省略，在结尾段同样要牢记绝不能偏离题目的要求。

·特别提示·

作为典型的 ESL（English as a second language）考试，IELTS 作文不需要“深刻”。在写各分论点（reasons）和各分论点后面的展开支持句（supporting sentences）时不要追求“曲高和寡”，只要能符合基本的生活常识（common sense）而且语言清楚准确就完全可以达到 IELTS 作文的要求了，切记切记（详见 Day 6 和 Day 8）。

Argument 的**五段式结构**可以概括为如下形式：

I	1 ~3 句	
II	1 +	2 ~3 句
III	1 +	2 ~3 句
IV	1 +	2 ~3 句
V	1 ~2 句	

Argument 的 5 段折中式详细结构表	
(I) 开头段，写 1 ~3 句	各句的作用参见 4 段式写法结构表，5 段式与 4 段式的差异主要是体现在主体段
(II) 主体的第一段论述你更倾向那一方的第 1 个理由	**全文的第二段论述你更倾向的那一方的第 1 个理由** 第一句：概括你所倾向的那一方的观点。如果感觉这句话与开头段最后一句话的内容看起来重复，那么这句话允许省略。 第二句：第一个分论点（即 **reason 1**）。 第三句：reason 1 的第一个展开支持句（**supporting sentence 1**）。 第四句：reason 1 的第二个展开支持句（**supporting sentence 2**）。 **提示：** 如果能继续写，那么还可以写出 reason 1 的更多展开支持句，但最好对每个分论点写的展开支持句不要多于 4 句，否则有可能会导致时间不够。
(III) 主体的第二段论述你所倾向的那一方的第 2 个理由	**全文的第三段论述自己倾向的一方的第 2 个理由** 第一句：你所倾向那一方的第二个分论点（即这种观点的 **reason 2**）。 第二句：reason 2 的第一个展开支持句（**supporting sentence 1**）。

（续表）

Argument 的 5 段折中式详细结构表	
（III）主体的第二段论述你所倾向的那一方的第 2 个理由	第三句：reason 2 的第二个展开支持句（**supporting sentence 2**）。 如果能继续写，当然还可以写出 reason 2 的更多展开支持句，但从考试时间考虑每一个分论点的展开支持句最好不要超过 4 句。
（IV）主体的第三段进行让步	**全文的第四段写让步段，论述自己不太倾向的一方** 第一句：概括该方观点。 第二句：这种观点的一个理由（即 **reason 1**）。 第三句：它的展开支持句（即 reason 1 的 **supporting sentence**）。 第四句：提出这种观点的 reason 2，或者提出 reason 1 的不够严密之处来弱化让步段的观点。 第五句：展开支持前一句。
（V）结尾段，写 1 ~2 句话	结尾各句作用参见 4 段式写法结构表

区别在哪儿？

通过两个结构表的比较我们可以清晰地看出：

4 段式更适合你对题目能够想到比较多的分论点（即理由 reasons）、但你对各分论点能想出的展开支持句（supporting sentences）比较少的情况。

5 段式更适合你对题目能想出的分论点（即理由 reasons）比较少，但却能够对想到的每个分论点写出较多展开支持句（supporting sentences）的情况。

可见，**4 段式和 5 段式之间其实并没有绝对不可逾越的鸿沟**。如果您对 4 段式里自己更倾向那一方的理由（reasons）“很有感觉”，就完全可以从那一方里面选出两条理由，把这两条理由各自放到前两个主体段里进行单独论述，那么 4 段式结构也就自然地“变形”成了 5 段式。

Argument 的一边倒（即完全支持或者完全反对）写法结构表

开头段	1～3 句	（背景） +改写辩论话题 +自己的态度(这句话也可以选择和第 2 句合并)
主体段 1	1＋ 2～4 句	第一句写理由 1（即自己支持或反对的 reason 1)，后面 2～4 句都是这个理由的 supporting sentences
主体段 2	1＋ 2～4 句	第一句是理由 2（即自己支持或者反对的 reason 2)，后面 2～4 句都是这个理由的 supporting sentences
主体段 3	1＋ 2～4 句	第一句是理由 3（即自己支持或者反对的 reason 3)，后面 2～4 句都是这个理由的 supporting sentences
结尾段	1～2 句	重申自己所持的态度

警 示

对于英文功底确实很扎实的同学来说，完全支持或者完全反对的一边倒写法是可以写得充实而且富于说服力的，因为**一边倒作文的最大特点就是“犀利”**。但 Pat 必须指出：由于“一边倒”只论证一方，而对另一方完全不涉及，**字数问题**始终是中国考生在考场实战写一边倒作文的最大挑战。在时间紧张的状态下，水平一般的孩子如果只讨论一方，是不是能写够字数，就得求上帝和佛祖同时保佑了。有志挑战一边倒的同学可以在本书高分卷 C 和《IELTS 写作完整真题库与范文全解》里看到范文。

Report 详细结构表

(I) 开头段 写 1～3 句	**本段概括背景和目的** 第一句：介绍社会或自然背景。**这句话如果觉得累赘可以选择省略。** 第二句：改写需要分析的话题。**这句话有时可以和第 3 句合并在一个句子里。** 第三句：说明本文要分析这个现象的原因和解决方案。

（续表）

Report 详细结构表	
（II）第一个主体段	分析现象产生的原因（或者现象所带来的 **problems** 等方面，根据题目里的实际提问内容来决定） 第一句：说明本段要介绍的是该现象的原因。如果感觉这句话和开头段最后一句话的内容重复，那么允许选择省略这句话。 第二句：该现象的第一个原因。 第三句：解释、支持这个原因（supporting sentence）。 **提示：**如果感觉时间够，展开支持句就完全可以多写，但从时间考虑最好不要超过 4 句。 第四句：这种现象的第二个原因。 第五句：解释、支持这个原因。 相应地写出第六句（第三个原因）和第七句（第三个原因的展开支持句）。 **提示：**如果对第一个和第二个原因的展开支持写得比较深入，那么允许省略第三个原因和它的支持句，以免全文过长或用时过久。
（III）第二个主体段	分析现象的解决方案（或者现象带来的 **effects** 等，根据题目里的实际提问内容来决定） 第一句：说明本段要介绍该现象的解决方案。 第二句：这种现象的第一个解决方案。 第三句：解释、支持这个方案。 第四句：这种现象的第二个解决方案。 第五句：解释、支持这个方案。 相应地写出第六句（第三个方案）和第七句（第三个方案的展开支持句）。 **提示：**如果对第一个和第二个解决方案的展开支持写得比较深入，那么允许省略第三个方案和它的支持句。

（续表）

Report 详细结构表	
（IV）结尾段 写 1 ~2 句话	**结尾段总结** 第一句：概括这个现象的原因。 第二句：概括相应措施，有时也可以和前一句合并。

（3）Mixed“混搭型”考题的结构安排

在最近 10 年里的亚太区雅思作文考试中，每年还有极少量考题，既不是典型的 Report，又不是严格的 Argument。比如，下面这道“四不像”考题：

The way many people interact with each other has changed because of technology. In what ways has technology affected the types of relationships that people make? Has this been a positive or negative development? （interact with sb. 是与某人交流互动的意思）

本题结尾处的第一个问题是问“这种现象的影响是什么”，属于典型的 Report。而第二个问题则要求比较利弊，属于典型的 Argument。所以，本题显然是把 Report 和 Argument“掺和”到一起来考了。

如果遇到这样的“混搭型”考题，不要紧张，分别各用一个主体段来回应 Report 和 Argument 就好了。至于是把 Report 放在第一个主体段里来写，还是把 Argument 放在第一个主体段里来写，则要看清题目里的两个问题**是 Report 在前面还是 Argument 在前面**来相应决定。

例如：在本题里，第一问是问影响是什么，第二问是要求比较利弊。所以，我们就应该按照这个顺序，先用第一个主体段分析 technology 对人际关系产生了哪些方面的影响，再用第二个主体段比较利弊（这一段里面的利弊双方可以分别用 On the one hand，…和 On the other hand，…来引出）。这样，我们就非常严格地回应了题目里提出的两个问题，确保了主体段论证是完全扣题的。相应地，结尾段也可以用这个顺序，先概括 Report 那一段里分析的影响，再对 Argument 那一段里自己的态度进行总结就好了。

可见，遇到 Mixed 题型时真的不必紧张，踏踏实实地回应题目里的两个问题就好了。

而且，由于 Mixed 题型既要求分析又要求辩论，事实上还要比单纯的 Report 或者单纯的 Argument 更容易满足剑桥对于作文字数的要求 ☺。

* * *

IELTS 作文并不存在“官方指定结构”，只要确实是符合逻辑的结构都是可行的。这也正是雅思写作的魅力所在，例如：只要各段之间衔接合理，写 Argument 作文时也可以尝试把比较短的让步段放到第一个主体段，而把自己更倾向的一方放到后部去论述的写法。如果对自己的英文能力很有信心，还可以尝试难度更大的一边倒结构。正是这种结构选择的多样化，让 IELTS 作文摆脱了八股文的俗套。在“十天系列”的范文集《IELTS 写作完整真题库与范文全解》里，您还可以看到更多样的 Task 2 结构。

（请您记得及时完成《作业本》Day 4 里对应的练习）

Mission Statement

— 好素材的标准

— 快速想出ideas

Day 5

思维的乐趣
——让 ideas 更充实的秘诀

The Generation of Ideas

An idea that can be put into action is way better than a complex idea that can only exist as an idea.

— *Pat*

IELTS 作文言之有物的“物”到底是什么

毋须讳言，如何想出充实、合理的 IELTS 作文素材是让很多考生都感到“心塞”的问题。很多考生都明白作文应该“言之有物”，但却还不理解 IELTS 考官们希望看到的“物”到底是什么，就已经匆匆走进考场成了牺牲品。这其中的原因，一言以蔽之：就是烤鸭们把 IELTS 作文对于 ideas 的要求想得太高了。

> 有件事情必须明确：IELTS 写作对于 ideas 的要求与美国的 GRE 考试 Issue 写作部分对于 ideas 的要求其实是有本质区别的。GRE 是思维能力测试，在美国本土以英语为母语的学生申请 graduate schools 时同样也需要提供 GRE 成绩单。因此，GRE 对 ideas 的要求是 insightful（具有敏锐的观察力）。而 IELTS 则是非常典型的英语语言能力测试（English proficiency test），只有以英语为非母语的人在申请大学或者向英语国家移民时才需要提供 IELTS 成绩。所以，IELTS 的写作部分主要目的是**考查考生用英语表达出 ideas 并用英语进行适当说理的能力，但它对于 ideas 本身和对论证过程的要求只是 reasonable（符合生活常识的），而不是 profound（深刻的）**。

说到底，由 Cambridge English Language Assessment 出题的 IELTS 写作考试是一种英语应用能力考试（English proficiency test）。**如何把符合生活常识的 ideas 在很短的时间之内用通顺、地道的英文表达出来，才是 IELTS 写作的真正挑战。**正如 IELTS 考试主办方 British Council 明确指出的：“You are only judged on how well you communicate these ideas.”想素材时把心态放平，只谈常理，不谈“哲理”，你就向剑桥对于 ideas 的真实要求迈进了一步。

Pat 在授课过程里要求每位同学在一分钟之内要想出可以写 260 words 以上的 ideas，而且还不能像个别抗日剧的题材那么不靠谱（虽然 IELTS 写作的素材并不要求深刻，但仍然要求reasonable）。怎样达到这么快的速度呢？

请您先把下面的每道真题仔细看 3 遍，并且试着确定**主体段里的**分论点（即理由：reasons）。

IELTS写作真题

★ Some people say that the only reason for learning a foreign language is in order to travel to or work in a foreign country. Others say that these are not the only reasons why someone should learn a foreign language. Discuss both these views and give your own opinion.（剑 11 test 3）

★ Many governments think that economic progress is their most important goal. Some people, however, think that other types of progress are equally important for a country. Discuss both these views and give your own opinion.（剑 11 test 4）

★ Some people think that all university students should study whatever they like. Others believe that they should only be allowed to study subjects that will be useful in the future, such as those related to science and technology. Discuss both these views and give your own opinion.（剑 10 test 2）

★ Many museums charge for admission while others are free. Do you think the advantages of charging people for admission to museums outweigh the disadvantages?（剑 10 test 4）

★ Every year several languages die out. Some people think that this is not important because life will be easier if there are fewer languages in the world. To what extent do you agree or disagree?（剑 9 test 4）

★ A hundred years ago, many people thought that the human race was improving in every area of life. Nowadays people are less certain about this. In what areas has the human race made important progress? In what areas do we still need to make progress?

怎么样?要在一分钟之内快速确定议论文主体段的分论点（即理由 reasons）是不是挺难的?

头脑风暴≠头脑“疯暴”

让学生们的思维自由发散，进行“头脑风暴”（brainstorming）是在国内比较受推崇的一种思考议论文 ideas 的训练方法。这种方法的优点是：范围宽，不会被先入为主的条条框框限制住。

但另一方面，在时间有限而且心情紧张的写作考场里，考生如果只是单纯追求思维的"自由发散"甚至"无限发散"，就必然会带来一个问题：考生能得出（或者得不出）ideas 的**随机性**。对于不熟悉的话题，考生有可能需要"风暴"很久才能幸运地碰到 ideas，甚至还有被随意发散的风暴"刮跑题"的可能性。

事实上，完全不受限制的 brainstorming 在英美生活里的主要用途是进行集体创意（group ideation），小组成员们一起集思广益，彼此思路互补，这样就降低了"碰不到" ideas 的风险。但是对于个人独立完成的写作任务，在英美大学的写作课堂里教师一般都会为学生提供 idea map 或者 mind map，来帮助学生快速、高效地进行**有提示线索的头脑风暴**（例如，这个就是 Cambridge University 向剑桥的学生们推荐的写作 mind map 工具：www.ucs.cam.ac.uk/support/assistive-technology/mindmap）。

因此，Pat 给您的建议是：在写作时间要求不算很严格的备考初期，您可以进行一些让思维随意发散的 brainstorming，这对于消除自己对真题的"敬畏感"是有益的。但是，在时间极为紧张的实战中，我们必须进行有一定提示线索的发散，而不是像买彩票（buy lottery tickets）那样完全随机地、毫无限制地任意发散。

IELTS 作文最常用的 12 条思路线索

从考场实战角度来说，思路的提示线索如果数量过多就会导致沿着线索思考的时间变长，而且容易混乱，从而违反给想 ideas 的过程"提速"的初衷。所以，思路线索必须是精练的、真正实用的。

Pat 认真梳理了从 2003 年起至今的每一道作文真题（有兴趣的读者可以参考《IELTS 写作完整真题库与范文全解》），可以负责任地说：下面这 12 条提示线索能够帮助您快速思考出剑桥目前正在使用的真题库里每一道考题的 ideas。请您不要犹豫，一定要花时间记熟这 12 条非常实用的思路线索，在考场里您就会真正明白它们对于快速想出 ideas 的实战意义了：

❖ 技能	❖ 效率
❖ 科技	❖ 安全
❖ 权利	❖ 责任
❖ 环境	❖ 健康
❖ 就业	❖ 财务
❖ 文化	❖ 乐趣

英文版

Skill	&	Efficiency
Technology	&	Safety
Right	&	Responsibility
Environment	&	Health
Employment	&	Money
Culture	&	Fun

这 12 个词怎么记更快、印象更深刻？"生记"是可以的，而且也不难，另外您也可以通过找出前后两个词之间的联系来启发自己。比如，Pat 就经常用下面的关系来帮助同学们记忆：

技能	（提高）	效率
科技	（保障）	安全
权利	（对应）	责任
环境	（影响）	健康
就业	（获得）	财务
文化	（带来）	乐趣

打算记“英文版”的同学则可以用这个看起来很酷的符号来帮助自己记忆：STREEC。您会发现：把每行第一个词的首字母连在一起，就是STREEC。把这个符号多写几遍，同时回忆它所对应的6个单词，每行里的第一个单词您就能记住了。记每行的第二个词时，您也可以通过找出它和第一个词的联系来辅助记忆。

熟记这12条思路线索的好处是：**它们已经覆盖到了社会生活里的几乎所有常见方面，可以帮助我们把抽象的、难以理解的话题迅速地具体化，让思考 ideas 的过程变成“顺藤摸瓜”的过程**，从而避免了在考场里进行 brainstorming 时只能靠“碰运气”（a hit-and-miss affair）的随机性与或然性。

下面举例说明。

第一题

A hundred years ago, many people thought that the human race was improving in every area of life. Nowadays people are less certain about this. In what areas has the human race made important progress? In what areas do we still need to make progress?

分析： 这是近期在亚太区的一道考题，很多考生的感觉是题目很好懂，但就是 ideas 不够，很“闹心”，因为这个话题实在是太大、太空了。

熟悉12条思路线索的好处就是可以把抽象、空洞的话题迅速地具体化，让“凌乱”的思考过程变得系统化。

那么在过去的100年里，人类的进步与仍然存在的问题到底有哪些呢？

在过去的100年里人类取得了重要进步的领域显然有：**科技**（例如工业科技 industrial technology，通讯科技 telecommunications technology，交通科技 transport technology 等），**效率**（工作更高效 work more efficiently，生活更方便 more convenient），**健康**（医学的发展 medical advances 和医疗服务的改善 improvements in healthcare services，很多100年前不能治愈的疾病 diseases that were incurable a century ago 已经可以被治愈 can be cured），**乐趣**（人们有更多的娱乐选择 have more entertainment choices）等等。对于4段式议论文，每一方最多只要写2~3个分论点就够，而对于5段式议论文，每一方只要写1~2个分论点就够了，所以这些分论点其实已经超出了我们对于“进步”一方的需要，从中挑选出自己觉得好写的来写就可以。

人类仍然存在着严重问题的方面则有：**安全**（rising crime rates 上升的犯罪率，higher youth crime rates 更高的青少年犯罪率），**环境**（global warming 全球变暖，air pollution 空气污染），**健康**（higher stress levels 更大的压力，lack exercise 缺乏运动，the increasing rates of heart disease and high blood pressure 心脏病和高血压等疾病的发生率增加），**财务**（更大的贫富差距 the growing gap between the rich and the poor），**文化**（很多传统和风俗 traditions and customs 正在消失）等等，从里面挑选出自己觉得“顺手”的来展开即可。

分析完毕，这样大而空的一个话题，立即就被具体化了。上面这些 ideas 已经远远超出了一篇 250 + words 的 short essay 所需的素材，如果其中有些观点您不知道怎样用英文表达，不必“捉急”，到 Day 7 您的问题就将迎刃而解，今天我们先来享受思维的乐趣)。

我们再来看一道“剑系”里的著名难题。

第二题

Some people believe that there should be fixed punishments for each type of crime. Others, however, think that the circumstances of a crime, and the motivation for committing it, should always be taken into account. Discuss both these views and give your own opinion. （剑 7 真题）

※ fixed 是“固定的”，circumstances 是“处境”，motivation 是“动机”，commit a crime 是“犯罪”，take into account 则是“考虑到”（考题里的生词我们会在 Day 7 里一网打尽，今天先请您集中精力想 ideas）

分析： 本题是剑 7 中的第二套作文题，话题相当抽象，想在 40 分钟里写完而且写出说服力绝非易事。

那么到底是应该对每种犯罪给予固定的量刑，还是应该有灵活度，充分考虑罪犯的处境和犯罪动机来决定量刑呢?事实上，这个问题即使在法律界也仍然存在争议，否则也不会出现西方媒体对海地大地震当中的难民哄抢食品事件“判还是不判”的激烈争论了。那么在时间和心理都很紧张的考场里我们到底应该如何决断呢?

首先，放平心态，不要追求“哲理”，牢记 IELTS 写作的真正任务是用准确的语言表达合理的 ideas，不要求“深刻”，最直接扣题的素材就是好素材。

对每种犯罪都固定量刑的好处有:

效率（提高司法效率 improve the efficiency of the court process），安全（有效地震慑罪犯 deter criminals），财务（减少打官司的费用 reduce the cost of lawsuits）等。

考虑罪犯的处境和犯罪动机的好处则可以有：权利（这样做更尊重罪犯的公民权利），责任（这样的判决更负责 more responsible，也更令人信服 more convincing）等。

有了系统启发思路的线索，即使遇到很难的题也不用再狂啃 "IELTS 专用铅笔" 了。

继续看题。

第三题

In some countries, the average weight of people is increasing and their levels of health and fitness are decreasing. What do you think are the causes of these problems and what measures should be taken to solve them?（剑 8 真题）

分析： 胖人人数激增、健康状况下降的原因从科技（特别是汽车、电梯、洗衣机等帮助人们节省劳力的产品 labour-saving products 大量增加），健康（rely on junk food 依赖垃圾食品，lack exercise 缺少运动等），乐趣（看电视、打游戏的时间过长 spend too much time watching television or playing video games）等众多方面都可以言之有据。

对应的解决办法就可以有：鼓励人们"少吃多运动"（encourage people to exercise regularly and avoid unhealthy food），减少开车的时间（drive less），尽量步行或者骑车上班（walk or cycle to work），减少看电视或打游戏的时间（spend less time watching television or playing video games）等等，从中选出自己觉得好写的来写即可。

第四题

Every year several languages die out. Some people think that this is not important because life will be easier if there are fewer languages in the world. To what extent do you agree or disagree with this opinion?（剑 9 真题）

分析： 短语 die out 是指灭绝，它在地道英文里的近义短语是 become extinct。

Pat 上大学的时候在 Arizona 州旅行时，曾经听到过当地的 Navajo people 说印第安语言，但他们却告诉我：现在被叫作美国的这片土地上曾有过几百种印第安语言，现在除了 Navajo 等少数几种比较“幸运”的印第安语言之外，其他的已经全都灭绝了，当时 Pat 还真是对于文明的兴衰感慨了一番。但多数中国同学对于语言灭绝这种现象应该并不熟悉，是否还可能写出充实的作文呢?咱“奔”一个试试。

支持这种看法的理由可以有：

效率（remove the language barrier 消除语言障碍，让沟通变得更高效），**就业**（过去说小语种的人们改说主流语言在找工作时会有更多的机会 have more job opportunities），**财务**（政府机构不用再为说小语种的人们提供专门的服务 provide public services in minority languages，减少政府开支 reduce government spending）等。

而反对这种看法的理由则包括：**文化**（减少文化的多样性 reduce cultural diversity，导致很多文化传统消失 cause many traditions to disappear），**乐趣**（母语灭绝了的人们可能会感觉到很孤立 feel isolated，而且容易产生失落感 feel frustrated）等等。

不管正着说还是反着说都很轻松。

第五题

Some people think that all university students should study whatever they like. Others believe that they should only be allowed to study subjects that will be useful in the future, such as those related to science and technology. Discuss both these views and give your own opinion.（剑 10 真题）

※ related to 是“和……相关的”

分析： 这道剑 10 真题并不难读懂，但是理顺思路需要一些时间，而沿着提示线索来思考的意义恰恰就在于让纠缠不清的 ideas 迅速清晰化、条理化。

大学生可以任意选择自己喜欢的科目学习的好处明显有：

效率（学习自己喜欢的科目效率会更高 can learn more efficiently），**权利**（学生在选课过程中拥有更多的自由 have more freedom in course selection），**乐趣**（学习的过程也会更加有趣 makes learning more enjoyable）等等。

只让大学生学习对将来有用的科目的理由可以有：

技能（获取更多的实用技能 gain more practical skills），**科技**（了解最新的科技发展 learn about the latest technological developments），**就业**（帮助学生为就业做好准备 prepare them for employment）等。

这些实用的提示线索能够让想 ideas 的过程变得像德国足球队的“日耳曼战车”那样井然有序。

第六题

Many museums charge for admission, while others are free. Do you think the advantages of charging people for admission to museums outweigh the disadvantages?（剑 10 真题）

※ 在英国，博物馆的门票费叫 admission fee 或者 entrance fee，“收取门票费”的英文是 charge people for admission。

分析： 很多中国同学对剑 10 考这样的话题感到奇怪：参观博物馆要交费是天经地义的事情，还要讨论利弊干什么？

其实，与很多 IELTS 写作的考题一样，博物馆收费是否利大于弊在英国一直是一个颇有争议的话题。伦敦的多数博物馆，包括举世闻名的 British Museum（大英博物馆），Natural History Museum（自然史博物馆）和 Science Museum（科技博物馆）全都是免费入场的。但博物馆的运营需要资金，参观者不出钱，政府可就要多出钱了，所以博物馆免费参观很可能会增加纳税人的负担。为此，伦敦市长Boris Johnson 还专门提出了把“免费”（free admission）改成“自愿交费”（voluntary museum admission fees）的建议，这就是英国国内对博物馆交费问题存在争议的体现之一。

当然，在分秒必争的考场里，我们根本没时间这样去“思绪万千”，尽快地想出合理并且扣题的 ideas 才是关键任务。

博物馆收取门票费的好处有：

财务（减轻纳税人的负担 reduce the burden on taxpayers），**乐趣**（博物馆可以有更多的资金去增加它们的馆藏 increase their collections，参观博物馆会变得更有趣），**就业**

(博物馆可以有更多的经费雇佣更多的工作人员，这样不仅有助于博物馆改进它们的服务 improve their service，而且也可以创造就业 create jobs）等。

博物馆收取门票费可能产生的弊端则有：

权利（一些纳税人 taxpayers 会觉得参观本地博物馆还要交费不公平），**财务**（低收入家庭 low-income families 可能会因此不去或者很少去参观博物馆）等等。

第七题

Some people say that the only reason for learning a foreign language is in order to travel to or work in a foreign country. Others say that these are not the only reasons why someone should learn a foreign language. Discuss both these views and give your own opinion. （剑 11 真题）

分析： 学外语对于去国外旅行或者工作的积极作用可以从**效率**（更高效地沟通 communicate more efficiently），**权利**（帮助去国外旅行或者工作的人们更好地了解、保护自己的权利 understand and protect their rights），**环境**（有助于更快地适应当地的文化和生活方式 adapt to the local culture and lifestyle），**乐趣**（让国外的旅行或者工作经历更加有趣 more enjoyable）等方面很快确定，从中选择 2 ~3 点自己觉得比较好写的来写就行。

学外语的其它积极作用则可以从**技能**（学到新的知识 gain new knowledge 并且开阔思维 expand their minds），**就业**（同样也可以增加在本国的就业机会），**文化**（了解其它国家的文化），**乐趣**（结识更多的朋友 make more friends，看原版电影 watch foreign films without the subtitles，听外语歌曲 listen to songs in a foreign language）等方面也能瞬间破解。

第八题

Many governments think that economic progress is their most important goal. Some people, however, think that other types of progress are equally important for a country. Discuss both these views and give your own opinion. （剑 11 真题）

分析： economic progress 是名词短语“经济方面的发展”

话题有点大，凭空想不太容易写具体，果断“弃”一个。

发展经济的重要性可以从**就业**和**财务**（包括政府的和个人的）等方面来论述。

其他方面的发展也同样重要的理由则可以从**技能**（教育质量 the standard of education），**效率**（政府公共服务的效率 the efficiency of public services），**科技**，**安全**（预防犯罪 prevent crime），**权利**（人们拥有平等的权利 have equal rights），**环境**（减少环境污染 reduce environmental pollution），**健康**（提高医疗服务的质量 improve the quality of health care），**文化**（促进文化的多样性 promote cultural diversity）等诸多方面秒杀。

只要真正熟悉思路线索，想素材时“顺藤摸瓜”，很抽象的话题也可以做到言之有物。

* * *

如果您对 12 条提示线索仍然觉得麻烦，那么请记住在最近 10 年的全部真题里最常用的十条理由：

- 技能
- 效率
- 权利
- 责任
- 环境
- 健康
- 财务
- 安全
- 文化
- 乐趣

同时请您牢记：IELTS 作文不需要中式写作的“含蓄”，直接扣题、简单合理的 ideas 就是 IELTS examiners 最希望看到的素材。

（请记得及时完成《作业本》Day 5 里对应的练习）

Mission Statement

—“明展”与“暗展”

—“果粒对比，不设下限”

Day 6

带着平常心去展开
——写好议论文展开支持句的秘诀
Clarity Counts

We are living in a world of growing complexity. That is exactly why we crave more brevity and clarity.

— *Pat*

到底什么是 well supported?

不论是四段式还是五段式，都要在双方各自的每一条理由，也就是分论点（reason）之后，对这条分论点进行合理的展开论证。缺乏展开支持句的分论点是羸弱不堪的分论点，甚至很可能会被考官判为 a lack of development 或者 not well supported。

要想彻底根治写分论点后面的展开支持句时无话可说的难题，我们就必须清醒地认识到：中国同学们把 IELTS 作文的展开支持句想象得过于"高端"了，结果导致很多作文里的展开支持句呈现出 3 个负面特点：（1）语言毫无必要地"高难"╳，（2）逻辑莫名其妙地"曲折"╳，（3）想法似是而非地"深奥"（profound）╳。

不可否认，中国孩子们写展开支持句时其实是"蛮拼的"。但正是这种认识方向上的误区，导致中国同学们写出的展开支持句严重偏离了剑桥对于 supporting sentences 的真实要求。事实上，《剑 4》~《剑 11》官方范文里的展开支持句无一例外地呈现出了三个截然相反的特点：

（1）语言平实 √

（2）逻辑直白 √

（3）想法简单易懂，只写"常理"（common sense） √

正如 IELTS 主办方 British Council 明确指出的："Good arguments are well developed and are not difficult to understand."

我们来做一个实验，现在就请您试着对剑桥官方 model answer 里面的一个分论点（reason）写出它的1 ~ 3 句 supporting sentences（请把您的答案写在虚线上面）。牢记：展开支持句的句长不限，而且写简单句、并列句、复杂句都很好，只要保证是完整的句子、并且努力争取把语法写正确就可以了。

分论点（reason）：

An advantage of going to school at an early age is that children develop faster socially（让孩子们尽早上学的好处之一是孩子们的社会交往能力会发展得更快）.

你想对它写的展开支持句（supporting sentences）：

由剑桥官方提供的 Model Answer 对于这个分论点写了两句 supporting sentences：

展开支持句 1

They make friends and learn how to get on with other children of a similar age.（他们交朋友，而且学会怎样去和年龄接近的孩子们相处）

展开支持句 2

This is often not possible at home because their brothers or sisters are older or younger.（如果孩子留在家里往往就没有这样的机会，因为他们的兄弟姐妹比他们的年龄大或者小）

不论您的展开支持句是怎样写的，有一点可以确定：您写出的展开支持句要比考官自己写的展开支持句写得更难、而且更“深奥”。

如果这仅是特例，我们尽管可以无视，但事实却是：在剑桥官方真正认可的高分范文里，所有的 supporting sentences 都无一例外地是语言朴实无华而且道理浅显易懂的。

我们再来看剑桥大学出版的 *The Official Cambridge Guide to IELTS*（官方指南）里面的高分 sample essay 实例：

分论点（reason）：

People are more active in their sixties and seventies than they used to be（六七十岁的老人们比过去更加活跃）.

你想对它写的展开支持句（supporting sentences）：

《官指》里提供的高分考生范文对这个分论点写了两句 supporting sentences：

展开支持句 1

They have time to enjoy their retirement（退休）and do activities that they could not do when they were at work.

展开支持句 2

They can also help to look after their grandchildren，which is a great benefit for working parents.

不管您自己是怎样"折腾"的，剑桥提供的 sample essay 里面的展开支持句一定更浅显易懂。

之所以会这样，并不是因为考官们是"熊孩子"，而是因为：作为典型的语言能力测试，IELTS Writing 的目的就是要看考生能不能把自己的意思用清晰、正确的英语表达出来，而不是看考生是否有"深邃"的思维。理解了这一点，展开支持句就不应该成为拦路虎。如果刻意在 IELTS 这样的语言测试里追求把展开支持句写得"高大上"，这本身就是一种逻辑错误。

如何让你的展开支持句变得流畅？

good essays 应该是读起来流畅的、自然的，这个道理每位考生都懂。但是到底怎样让英语作文变得流畅，特别是怎样让体现深入论证能力的 supporting sentences 变得流畅，却并非轻松的话题。在很多中国同学们的心目中，行文流畅甚至已经变成了一种"很玄的东西"，只可意会而不可言传，可遇而不可求。

可事实上，官方评分标准细则（cf. 高分卷附录）已经很明确地指出了官方对于"流畅"的具体要求。以 7 分标准为例：在行文流畅方面考生要做的就是 use a range of cohesive devices appropriately（恰当地使用多种衔接手段）。所以，要实现行文流畅，我们的本质任务就是要真正理解到底什么是英语作文里的 cohesive devices（衔接手段）。

English essays 里面的 5 种常用衔接手段

- 连接词，例如 because，for example，if 等
- 指示代词，例如 this，that，these 等
- 人称代词，例如 they，them 等
- 物主代词，例如 their，our 等
- 重复或者转述前文里的关键词

让展开支持句变得更流畅

——两件你应该做的事 √ & 两件你不该做的事 ╳

应该做的事

1. 正确、适度地使用地道英文里真正常见的衔接手段 √
2. 坚持写清晰、易懂、不长也不难的展开支持句 √

不该做的事

1. 写展开支持句时过度使用某一种衔接手段 ╳
2. 滥用 native speakers 在写作时其实很少使用的生僻连接词 ╳

下面我们就逐一来看我们到底有哪些弹药可以让自己的 supporting sentences 读起来更流畅。

native speakers 怎样想展开支持句？

在每个分论点（即理由：reason）后面写的展开支持句是全文里最能体现出考生**深入论证实力**的部分（也就是考官们常说的 real content），必须尽全力写好、写充实。在每一条分论点的后面至少要写一句展开支持句，而且如果时间够、思路够，在每一条分论点后面还可以多写几句展开支持句。

但Pat却发现国内的同学们普遍对于想 supporting sentences 感到"一头雾水"(clueless)，这其实是由于同学们对英语国家的议论文教学过程不了解导致的。只要明白了 native speakers 自己是怎样思考 supporting sentences 的，你就能明白怎样让自己想出的展开支持句真正符合考官的期待了。

在英美的 Academic Writing 课堂上，教师们通常都是问学生下面这两个问题来启发学生思考展开支持句：

- **Why is this true?** 这个分论点为什么成立?分论点这样讲的理由是什么?
- **What does this mean?** 分论点这样讲的准确意思到底是什么?你是否还可以用更好懂的方式把这个意思点解释得更明白?

IELTS 作文对展开支持句的要求是合理（reasonable），但并不要求深刻。通过追问这两个问题，我们就可以对分论点想出更多的展开支持句，而且更重要的是：这样想出的展开支持句一定是紧紧围绕分论点的，而不会偏题。

1. Why is this true?

请看这个分论点：

Playing violent video games can cause changes in young people's behaviour.
玩暴力游戏会导致青少年的行为产生变化。

问自己 Why is this true?（为什么分论点可以这样讲?），我们就可以这样写出它的展开支持句：

第 1 句展开支持句：

These games make it fun to fight and kill.

第 2 句展开支持句：

They also teach young people to use violence to solve problems.

第 3 句展开支持句：

As a result, many young people become aggressive（带有攻击性的） towards their teachers, classmates and even their parents.

特别提示

解释分论点成立的理由时，并不是只能用 This is because，Therefore 等因果关系的连接词。举例、对比、假设、指示代词、人称代词、转述关键词等其他多种方法也都可以有效地给出对 Why is this true? 的回答，下一节我们还会深入学习。

再来看这个抽象的分论点：

Extreme sports involve high risks.　极限运动涉及到很高的风险。

通过追问 Why is this true?（为什么可以这样讲?），我们就可以想出有说服力、扣题的展开支持句：

第 1 句展开支持句：

For example, bungee jumpers need to jump from very high places.

第 2 句展开支持句：

They may be seriously injured if the equipment does not work well.

再请看这个分论点：

Higher taxes should be put on fast food.　应该对快餐征收更高的税。

问自己 Why is this true?，就可以得到这样扣题、合理的展开支持句：

第 1 句展开支持句：

The healthcare system spends a large part of its money on health problems related to fast food.

第 2 句展开支持句：

People who have these problems should be responsible for their own choice of food.

第 3 句展开支持句：

The extra taxes that they pay can help to improve the healthcare system.

? 您可以从上面这些展开支持句里找出哪些代词?

2. What does this mean?

如果感觉一个分论点比较概括或者比较抽象，通过追问自己 What does this mean?，我们也可以得到对这个分论点的有效展开支持句。

请看这个分论点：

School uniforms help to reduce economic and social differences.
校服有助于减少经济和社会地位的差异。

这个分论点有一定的道理，但是却相当抽象，我们不妨用更清晰的语言来对它进行解释。通过问自己 What does this mean?，就可以得到这样的展开支持句：

第 1 句展开支持句：

They help to make all students feel equal and confident.

第 2 句展开支持句：

Uniforms also reduce the pressure on low-income parents to buy fashionable clothes for their children.

再来看这个展开时比较难"下手"的分论点：

Art skills are not essential skills that most students will need when they enter the job market.

essential skills（核心技能）这个概念比较抽象，我们通过追问 What does this mean?，就可以写出这样扣题、易懂的展开支持句：

第 1 句展开支持句：

Most of them will not need to draw or paint at work.

第 2 句展开支持句：

Other skills, such as language, maths and computer skills, can help to prepare them better for their future careers.

这两句展开支持句显然让本来比较抽象的分论点变得更清晰、更易于理解了。而且，IELTS 作文里的展开支持句对于分论点的解释也并不需要像百科全书那样"严丝合缝"，只要解释有一定的合理性，就已经是有效的展开支持句了。同时应该提醒您的是：对分论点进行解释时并不是非要用 This means that ... 句式来开始。我们在下一节里还会学习对分论点进行朴实易懂的解释可以用到的更多方式。

第 1 类展开方法：明展
（直接使用连接词来写展开支持句）

明确借助连接词这种衔接手段来写 supporting sentences 的好处是：可以明白无误地告诉 examiner “你瞪大眼睛看清楚了，我可真的是在进行展开论证呢”，让考官心里很“踏实”。

同时，Pat 必须提醒中国同学注意的是：如果过于频繁地使用连接词（over-use of cohesive devices），则会显得刻意甚至卖弄，过犹不及（对这个“老大难问题”的有效解决方法我们将在今天的后两节里面学习）。

> 请您仔细体会高分范文里展开支持句的真实难度。每类逻辑关系只要记1～2个连接词就够，不要都记。注意：绝不追求偏、难、怪的“古董”连接词，它们只会让本来应该清晰流畅的行文变得晦涩无比。

方法 1　因果展开

因果展开 实例：

例 1

分论点： An advantage of going to school at an early age is that children develop faster socially.

它的展开支持句：

They learn how to make friends with other children of a similar age. This is often not possible at home because their brothers or sisters are older or younger.

用法说明： because 表示“因为”，常用在句子中部，它的后面接从句。当后面接名词或者名词短语时，请改用 because of。

例 2

分论点： The Internet is the key to the knowledge and information available in the world.

它的展开支持句：

Therefore, it is important that children learn to use the equipment with confidence.

用法说明： therefore 表示"因而"，在官方范文里 therefore 用在句首或句子前部的情况较多

例 3

分论点： The youth unemployment rate remains high.

它的展开支持句：

As a result, many students are worried that they will not be able to find jobs after graduation.

用法说明： as a result 表示"因此"，在官方范文里常用于句首，而且在它的后面通常会跟一个逗号。

方法 2 举例展开

举例展开 实例：

例 1

分论点： Governments should improve public transport services to reduce traffic in big cities.

它的展开支持句：

For example, if better underground train systems were built and maintained in large cities, then traffic on the roads would be reduced.

用法说明： 在雅思作文里面，for example 一般使用在句首，后面紧跟一个逗号。

地道英文里另一个常用来“举栗子”的短语 For instance，也是这样用的。上面这个展开支持句里面使用了虚拟语气，表示语气比较客气的假设或建议。

◎ 例 2

分论点：Children need to develop their social skills.

它的展开支持句：

A good way for them to do this is through group activities **such as** team sports and playing games with other children.

语法警示：

such as 的后面只能跟用**名词**或者**动名词**表述的例子 √，而不能用跟动词原形或者用从句表述的例子 X

《剑 11 例句》：Some employers ask people who apply for jobs for personal information, such as their **hobbies** and **interests**.

方法 3　对比展开

对比展开 实例：

◎ 例 1

分论点：People today are less active than they used to be.

它的展开支持句：

Many adults relax by watching television or browsing the Internet, **while** children play video games instead of playing outdoor sports.

短语：中国同学们都爱用 surf the Internet 来表示上网，其实 **browse the Internet** 在地道英文里也是对上网的另一种常见表达方法。

用法说明：while 的作用是句内对比。也就是说：while 总是引导一个从句，去和同一个句子里面的主句进行对比。同时请注意：while 的**后面**绝不能紧跟逗号

- 例 2

分论点： Young people who pass directly from school to university have limited experience of the world.

它的展开支持句：

By contrast, those who have spent some time traveling to other places have a broader view of life.

用法说明： By contrast 的作用是跨句对比。也就是说：By contrast 的作用总是引导一个完整的句子，去和它前面的另一个完整的句子进行对比。同时请注意：By contrast 的后面总是紧跟一个逗号

方法 4　类比展开

类比展开 实例：

分论点： It gives pupils the opportunity to choose subjects freely.

它的展开支持句：

For example, a higher proportion of girls study science when they attend girls' schools. Similarly, boys in single-sex schools are more likely to study languages.

用法说明： similarly 表示"类似地"。它常用在句首，而且 Similarly 的后面通常都会有一个逗号

方法 5　让步展开

让步展开 实例：

- 实例

分论点： Some advertising companies produce advertisements with famous actors or singers.

它的展开支持句：

Many people buy goods that their favourite actors or singers advertise, although they do not really need the products.

用法说明： although 表示“尽管”，后面跟从句

方法 6　假设展开

假设展开 实例：

例 1

分论点： Car companies should help people to better understand electric cars（电动汽车）.

它的展开支持句：

More people will buy electric cars if they know that electric cars can save them money in the long term.

用法说明： 在雅思作文里，if 用于句首或者句子中部都很常见。

特例

除了用 if 进行“硬假设”，剑桥官方范文里也经常用 may（可能），are likely to…（很可能会……），Without …，… would …（如果没有……，……将会……）这三种方式进行“软假设”。

例 2

分论点： Government funding for public art projects should be continued.

它的展开支持句：

Without the funding, cities and towns would become less interesting and attractive.

方法 7 下定义展开

IELTS 写作里所说的下定义当然不是像维基百科里那么严格的定义，只是对某一概念的个人见解而已。

下定义展开 实例：

例 1

分论点： Some children are allowed to have whatever they want.

它的展开支持句：

This means that they grow up without any understanding of where their standard of living comes from.

用法说明： 在 IELTS 作文里下定义时只要提出自己认为正确的见解就可以，不用听起来像"人生导师"或者"意见领袖"

语法警示：

请中国同学们一定注意：在 means that 后面不能画蛇添足地写逗号，否则必然导致语法错误甚至考官误读

例 2

分论点： Young people who have spent some time earning a living have a broader view of life.

它的展开支持句：

They tend to be more independent（更独立的），which is a very important factor in academic study and research.

用法说明： 使用了由 which 引导的定语从句，which 指代前半句话（主句）整体所讲的内容

方法 8　限定范围（取或者舍）展开

限定范围（取或者舍）展开实例：

例 1

分论点： Families have become smaller with fewer children.

它的展开支持句：

As a result, these children are often spoilt（被溺爱）, not in terms of love and attention, but in more material ways.

用法说明： in terms of 表示"就……而言"，在它后面通常是紧跟名词或者名词短语

例 2

分论点： Car owners can help to reduce pollution.

它的展开支持句：

They can take public transport rather than driving to and from work.

用法说明： rather than 表示"取前者，舍后者"。

在 IELTS 作文这样的短文里，很难、也没有必要用到全部 8 种"明展"连接词，但用到其中的 2 ~4 种则是很常见的情况。

我们还可以用一些小窍门来帮助记忆。例如：把因果 / 举例 / 对比 / 类比 / 让步 / 假设 / 下定义 / 限定范围根据谐音浓缩成"果粒对比，不设下限"来提示自己。

同时，Pat 还是必须提醒您：在 IELTS 作文里写简洁易懂的句子一点也不"丢人"，真正"丢人"的是写出一堆连自己都没把握的怪词，让考官觉得你纯粹是在"挑衅"（aggressive and hostile）

第 2 类展开方法：暗展

（借助代词或者转述关键词来写 supporting sentences）

"暗展"就是不使用连接词，而是通过上下文之间的内在语义联系来建立起展开支持句的流畅衔接。

不直接出现连接词的好处是：行文看起来更自然、不机械，但是对于逻辑思维不是很严密的同学，有可能会出现前后脱节的情况，甚至，出现"神逻辑"。

所以，把代词、转述关键词等衔接手段和连接词结合起来使用，而不过度依赖于某一种方法，就是最好的选择，也真正满足了官方评分标准细则里面对 7 分作文 use a range of cohesive devices appropriately（恰当地使用多种衔接手段）的明确要求。

不用连接词的展开支持方法之 1　使用代词

在 IELTS 作文里，使用代词一般是通过指示代词、人称代词或者物主代词对前一句话里面出现过的内容进行指代，从而建立起流畅的衔接：

- 用指示代词 this，that，these，those，such 这 5 个词当中的某一个对前一句话里出现的内容进行指代。其中，在官方高分范文里出现频率最高的是 this，these 这两个指示代词。
- 人称代词主格 they，人称代词宾格 them，物主代词 their 也是官方范文里出现频率很高的代词。

用 指示代词 写展开支持句的实例：

例 1

分论点： Physical activity can be encouraged by providing exercise equipment in parks.

它的展开支持句：

This has the benefit that parents and children can often use them together for fun.

用法说明： 在分论点和展开支持句之间并没有使用连接词，而是通过展开支持句开头的 This 来指代前一句话的整体内容，形成两个句子之间的流畅衔接效果

规律

当 this 独立使用（也就是 this 后面不跟名词）时，它是指代前面一句话整体所讲的内容。

《剑 11》例句： People's choice of clothes reveals their culture. This is true in some ways.

例 2

分论点： Each family produces a large amount of waste every week.

它的展开支持句：

Most of this rubbish comes from the packaging of the things that we buy.

用法说明： 在分论点和展开支持句之间同样没有使用连接词，而是通过 this rubbish 和前一句话里的 waste（在环境话题里名词 waste 常表示垃圾、废料）的指代关系在两句话之间建立自然的衔接

规律

当 this 后面跟一个普通单数名词时，它是指代前一句话里提到过的某个事物。

剑 10 例句： It is linked to the ability to tell right from wrong. This skill comes with time and good parenting.（This skill 是指代前一句话里的"区分是非的能力"）

例 3

分论点： At school, children work and live with people from different backgrounds.

它的展开支持句：

This experience can teach them how to cooperate with each other.

规律

当 this 后面跟 trend（趋势），experience（经历）等有概括性的抽象名词时，它是指代前一句话整体所讲的趋势或者经历。

例 4

分论点： The main concern is about the computer activities that attract children.

它的展开支持句：

These activities are often electronic games that are very violent.

用法说明： 分论点和展开支持句之间也没有使用任何连接词，而是用 these activities 指代分论点里面的 computer activities that attract children 这个复数概念，从而在两句话之间建立起了通顺的衔接

用 人称代词 或者 物主代词 写展开支持句的实例：

例 1

分论点： Young adults may end up never returning to their studies.

它的展开支持句：

They may think that it is better to continue in a job or to do something that is different from a university course.

用法说明： 用人称代词 they 对分论点里的 young adults 进行指代，不用连接词也同样实现了两句话之间的流畅衔接

例 2

分论点： These children have not learned any self-control.

它的展开支持句：

They have less respect for their teachers and do not obey school rules.

用法说明： 用人称代词 they 和物主代词 their 建立起分论点和展开支持句之间流畅、自然的衔接

不用连接词的展开支持方法之 2 重现或转述关键词（稍难）

重现或转述关键词 实例：

例 1

分论点： The first step in achieving happiness is to have enough self-knowledge.

它的展开支持句：

We need to know who we are before knowing what makes us happy.

用法说明： 在展开支持句里用 who we are 对分论点里的 have enough self-knowledge 进行了更加浅易的转述，从而在两句话之间形成了自然的逻辑衔接

例 2

分论点： The difference between people who are trained to play a sport and those who become good players is natural talent.

它的展开支持句：

In other words, natural talent cannot be taught, no matter how hard the children practice.

用法说明： 把 in other words 用在句首，则是对前一句话的整体进行转述

最好的选择——不充斥、不堆砌

在真实的官方高分范文里，展开支持句既不过度地堆砌连接词（“明展”），也不过度地充斥代词（“暗展”），而是坚持“明暗结合”，从而形成了丰富多样、流畅自然的衔接效果。

我们来看看 *The Official Cambridge Guide to IELTS*（官指）里面的真实高分展开支持句到底是怎样炼成的：

官指实例

分论点（reason）：

Governments should encourage the use of public transport.

展开支持句（supporting sentences）：

They can make public transport more convenient and affordable. Buses, trams（有轨电车）and trains are good ways of getting around. If they are cheap and reliable（可靠的）, then people will use them .

在这3句展开支持句里，有直接借助连接词的，也有使用代词的，有重复前文关键词的（public transport），也有转述前文关键词的（例如：用 buses, trams and trains 来对 public transport 进行更细化的转述），完全做到了官方评分标准对行文流畅要求的"use a range of cohesive devices appropriately"。当然，这名高分考生可以在有限的时间里写出效果很自然的展开支持句，绝不会是"刻意为之"，而是水到渠成的积累。只要真正放平心态，这么基础的句子其实是每个英语还不算太弱的同学都能写出来的，只要坚持练习而且练习的方法正确，您也可以写出像这样清晰、流畅的 supporting sentences。

（请您一定记得及时完成《作业本》Day 6 里对应的练习）

Mission Statement

—提高写分论点和展开支持句速度的高频phrases

Day 7

别了，“中式英语”——120急救短语

The Writing Phrase Bank

Focus on real content rather than big words.

— *Pat*

可以覆盖 IELTS 议论文全部话题的实用论证短语
(Key Phrases for Task-2 Essays)

- 中文和英语都是优美的语言，但“中式英语”却会给考官、考生和英语国家大学都带来麻烦。今天我们要学习的地道短语（natural phrases）将会帮助您彻底根治在议论文里、特别是主体段里面中式英语“此起彼伏”的顽疾。

- 记短语和记单词（individual words）之间其实并没有不可逾越的“三八线”。如果您觉得自己的学习习惯更偏重记单词，那么请重点学习随本书赠送的小手册里的第 3 部分。

- 本章全部短语和例句均取自 *BBC*, *The Economist*, *The Guardian*, *The Telegraph*, *Daily Mail*, *City A. M.*, *Reuters* 等英国主流媒体和出版物，绝无“伤不起”的中式英语，在您走出国门之后也依然可以畅通无阻，敬请放心记准、背熟。

- 这些短语和 **技能**，**效率**，**权利**，**责任**，**环境**，**健康**，**财务**，**安全**，**文化**，**乐趣** 十类高频论证理由紧密相关，对您思考 ideas 也会有直接的提示作用。

- 中文里流行说：“重要的事情说三遍。”英文里也常说：“If you use a phrase three times in your life, it's yours forever.”很多时候，烤鸭们抱怨记不住的真正原因并不是“脑子锈掉了”，而是因为缺乏间隔复习。您除了可以记忆本章的短语之外，也可以随身携带本书附赠的小手册，把 Part 1 常“背”不懈，还可以结合音频文件里的录音练习听写，或者模仿 native speakers 学语言的常用方法，把这些 good phrases 抄到空白卡片上（flash cards），一面写英文短语，另一面写中文释义，一有空就“刷卡”来考自己。

- 考试已经迫在眉睫的同学请至少把每一大类里面的主词条（120 条急救短语）背下来，以解燃眉之急。备考时间比较充裕的同学还可以学习每一个主词条的下方左侧用“剑桥蓝”（Cambridge blue）印刷的扩展短语。右侧用黑色印刷的短语难度较大，只供英文基础好的同学们选用。

- 学有余力的同学还可以参考高分卷 D 里面的 28 类分话题短语。

技能类短语

（包含学生、毕业生、儿童、员工的技能）

01 develop their skills

【含义】发展他们的技能

【Guardian 例句】Student volunteers also need opportunities to develop their skills.

Pat's Note：

在英美，当人们写“发展某种技能”或者“提高某种技能”时，最常用的两个动词就是 develop 和 improve，绝不要嫌弃它们“没特色”。语言自然、地道就是最大的特色。还有一些 native speakers 习惯写 build their skills，boost their skills 或者 sharpen their skills，更难的搭配就很少有人用了。长期在英语国家里生活，Pat 自己很深的感触就是：英语是一种特别务实的语言，太难太怪就真心不是英语了。

请熟记这十类常考技能，你绝不会后悔

- thinking and learning skills
  思考和学习的能力
- problem-solving skills ★
  解决问题的能力
- reading and writing skills
  读写技能
- computer skills
  电脑技能，计算机技能
- foreign language skills
  外语技能
- social skills ★
  进行社会交往的技能
- creative skills ★ 创造力（请注意：地道英文里不写 creation skills ╳）
- communication skills
  沟通能力
- artistic skills ★
  艺术才能
- teamwork skills ★
  团队合作能力

（标 ★ 的是中国同学们特别容易忽视、但 native speakers 考官们却同样很重视的技能）

02 improve their academic skills

【含义】提高他们的学术技能

扩展短语

- get good grades / achieve good grades （学生）获得好成绩
- broaden their knowledge about...
  扩展他们关于……的知识

  ⚠ knowledge 不能用复数
- broaden their skills
  扩展他们的技能
- can gain a better understanding of...
  （儿童、学生、游客等）可以加深对于……的理解
- improve their analytical skills
  提高他们的分析能力
- improve their academic performance
  提升他们的学习表现
- develop logical thinking
  发展逻辑思维
- develop independent thinking skills
  发展独立思考的能力

03 gain practical experience

【含义】获得实践经验（注意：这个短语里的 experience 不要加复数）

【经济学人例句】Law schools often send their students to gain practical experience by giving free advice to people in need.

- lack practical experience 缺少实践经验

> **规律：** lack 作动词时后面必须直接跟宾语，写 of 就错了。
> lack 作名词则后面必须跟 of，漏掉 of 就错了

04 develop good learning habits

【含义】形成良好的学习习惯

- study more efficiently 更高效地学习

IELTS 作文里 最常考的 另外3类习惯 ⇨

- develop good eating habits 形成良好的饮食习惯
- develop good spending habits 形成良好的消费习惯
- develop good driving habits 形成良好的驾驶习惯

05 increase their independence

【含义】（活动、经历等）增强他们的独立性

扩展短语

- become more independent
  （孩子、年轻人、低收入家庭、受援助国家等）变得更独立
- become more confident
  变得更加自信
- build their self-confidence
  树立他们的自信

对比：

- damage their self-confidence
  打击他们的自信

拼写规律：

independence是名词，independent是形容词；confidence是名词，confident是形容词，violence是名词，violent是形容词

Pat's Note：

build ＋ **抽象名词**是"树立、建设……"的意思。它是地道英文里的绝对高频词之一，但却因为不够"惊艳"往往遭到"外貌协会"会员们的歧视：

- build good relationships 建设良好的关系
- build a successful career 建设成功的事业
- build a productive workforce for the future 为未来建立一支高效的劳动力

Pat's Note：

workforce是地道英文里对于一个国家或者一个企业的劳动力的统称，例如：a well-educated workforce，a healthy workforce

短语家族 Phrase Family

06 improve their brain development

【含义】促进（儿童的）智力发展，例如：阅读，做益智游戏（educational games）等

扩展短语

- broaden their interests
  扩展他们的兴趣爱好
- make them more intelligent
  让他们变得更聪明
- achieve good grades
  获得良好的学习成绩
- encourage their imagination
  激发他们的想象力

【BBC 例句】Playing chess can improve children's brain development.

07 have more creative ideas

【含义】更有创意

扩展短语

- think creatively
  有创意地思考
- have a talent for ...
  对（语言、音乐、艺术等）有天赋
- express their feelings creatively
  用有创意的方式表达自己的情感

对比：

- learn by rote 通过机械重复来学习

08 work closely with their classmates
work closely with their colleagues

【含义】与同学（或者同事）密切地合作

细节：colleague（同事）的拼写比 college（学院）多了一个“澳洲”（a 和 u）

扩展短语

- cooperate with their classmates
  与同学（或者同事 colleagues）合作
- cooperation and sharing
  合作与分享（名词短语）
- teamwork skills
  团队合作的能力（名词短语）
- effective teamwork
  有效的团队合作（名词短语）

Pat's Note:

social skills（社会技能）是在英语国家学习、工作、生活最关键的技能之一，但却极少有中国同学会在作文里想到它，让渴望看到这个地道短语的 examiners “很受伤”

09 improve their life skills

【含义】提高他们的生活技能

- time-management skills 管理时间的能力
- money-management skills 管理财务的能力

在IELTS作文里做到生活有序的 5条原则

- manage their time well （学生或员工）管理好自己的时间
- manage their money well （消费者）管理好自己的财务
- manage their budget well （消费者）管理好自己的开支预算
- achieve a work-life balance
  （员工 employees）实现工作与生活之间的平衡
- achieve a work-family balance
  （家长们）实现工作和家庭之间的平衡

细节： 也有不少 native speakers 喜欢把 work-life 和 work-family 中间的短横线 “-” 写成斜线 “/”，这两种写法在英语国家里都很常见

10 broaden their minds

【含义】开阔他们的思维

扩展短语

- broaden their knowledge and skills
  扩展他们的知识与技能
- take part in extra-curricular activities
  参加课余活动

- improve their social skills
  提高他们的社会交往技能
- develop their artistic skills
  发展他们的艺术才能
- expand their minds
  开阔他们的思维
- boost their teamwork skills
  提升他们的团队合作能力

Pat's Note:

(1) "参加"某种活动的简单写法是 take part in ...，略难的写法是 participate in ...

(2) broaden their horizons 本来也是一个特好的短语，可惜被中国同学们 overuse（过度使用），现在连培训学校楼下卖盒饭的大婶儿都已经掌握了

【剑 11 例句】Learning a foreign language can help people broaden their minds.

11 prepare them for employment

【含义】帮助他们为就业做好准备

扩展短语

- vocational training
  职业培训（名词短语，请注意：vocational 的前两个字母是 vo）
- career advice 关于职业规划的建议（请注意：advice 不能加 s）
- enter the job market
  进入就业市场
- have more job opportunities
  有更多的就业机会
- career guidance
  就业指导（名词短语）
- achieve career success
  获取事业上的成功
- increase their employability
  增强他们的就业适应性
- the knowledge-based economy
  以知识为主导的经济（名词短语）
- the technology-driven economy
  由科技推动的经济（名词短语）

【BBC 例句】Universities are a driving force of the knowledge-based economy.

细节：在英国，小学教育被统称为 primary education，中学教育被统称为 secondary

education，大学教育则被统称为 university education 或者 higher education。另外，在正式书面语里还有 tertiary education 和 post-secondary education 的写法，用来泛指人们在中学毕业之后进一步获得的教育。

【BBC 例句】Some people think that higher education is a waste of time and money.

短语家族 Phrase Family

- prepare them for the job market
  帮助他们适应就业市场的需求
- prepare them for the future workforce
  帮助他们满足未来对劳动力的要求
- prepare them for the knowledge-based economy
  帮助他们适应以知识为主导的经济

12 reach their potential / achieve their potential

【含义】充分发挥出他们的潜力

【经济学人例句】Oprah Winfrey's media business focuses on helping women to reach their potential.

⚠ 在地道英文里，potential 不能用复数

Test Tip

您还可以选择在 potential 前面用形容词说明具体是哪方面的潜力。例如：reach their artistic potential（充分发挥出他们的艺术潜力），reach their academic potential（充分发挥出他们的学术潜力）等，这些都是您今后在国外读书时也经常有机会看到、听到、用到的 good phrases

- achieve their goals　实现他们的目标
- prepare them well for later life　帮助他们为将来的人生做好准备

注意： 在这个地道短语里使用 later √，而不是 late ×

【BBC 例句】This programme helps children to develop social skills that prepare them well for later life.

效率类短语
（包含学生、员工、生活、交通、媒体、经济的效率）

01 make learning more efficient

【含义】（好的教学方法、新的教学科技等）让学习变得更高效

扩展短语

- make working more efficient
  （新的办公科技）让工作变得更高效
- make shopping more efficient
  （网络商店）让购物变得更高效
- make communication and cooperation more efficient
  （现代通讯工具）让沟通和合作变得更高效

词性： efficiency 是名词“效率”，efficient 是形容词“高效的”，efficiently 则是副词“高效地”

短语家族 Phrase Family

- work more efficiently 更高效地工作
- study more efficiently 更高效地学习
- travel more efficiently 更高效地旅行
- communicate and cooperate more efficiently 更高效地沟通与合作

02 increase their efficiency

【含义】提高他们的效率

- boost productivity 提高生产率
- boost farming productivity 提高农业的生产率

辨析 efficiency 可以泛指任何人做任何事的效率，而 productivity 则是特指员工、企业、产业或者国家经济的生产率

对比：

- reduce their efficiency 降低他们的效率

- boost productivity 提高生产率
- boost economic growth 促进经济的增长
- boost tourism 促进旅游业的发展
- boost crop yield 提高农作物的产量
- boost national pride 提升公众的民族自豪感
- boost their public image
  （企业、私人机构等）提升它们的公众形象

⚠ boost 在英语议论文里极为常用，但不要把它用在 Task 1 小作文里

短语家族 Phrase Family

03 reduce distractions

【含义】减少干扰

- cause distractions for …（students / employees / drivers）
  反义：（对学生 / 员工 / 司机）形成干扰

- concentrate on their studies
  专心于学业（说明：study 的复数 studies 常指“学业”）
- concentrate on their work 专心于工作
- concentrate on driving 专心开车

短语家族 Phrase Family

04 make the best use of their time

【含义】更充分地利用他们的时间

对比：

- is a waste of their time 是对他们时间的浪费（注意：这个短语里的 waste 前面习惯加 a）

05 boost their performance

【含义】提升他们（工作或者学习）的表现

Pat's Note：

performance 在这个短语里不是指表演，而是指“表现”，而且还可以更具体地写：

boost students' academic performance（提升学生们的学业表现）

boost employees' job performance（提升员工们的工作表现）

扩展短语

- increase their motivation
  增强他们的动力

对比：

- lack motivation 缺少动力

- make them frustrated
  让他们感到挫败感
- feel bored and unmotivated
  感到无聊而且缺乏动力

说明 还可以更具体地写：increase students' motivation to learn（增加学生们的学习动力），increase employees' motivation to work hard（增加员工们努力工作的动力）

【BBC 例句 1】Eating breakfast boosts children's performance at school.

【BBC 例句 2】Learning new skills will increase young people's motivation to learn.

06 make our lives more convenient and comfortable

【含义】让我们的生活变得更方便、更舒适

扩展短语

- high-tech equipment
  高科技的设备（名词短语）
- labour-saving equipment
  可以节省人力的设备（名词短语）
- keep in touch with family and friends 与亲友保持联络
- scientific research
  科学研究（名词短语）

- inventions and innovations
  发明和创新（名词短语）
- scientific discoveries
  科学的发现（名词短语）
- telecommunications networks
  通讯网络（说明：在地道英文里 telecommunications 习惯用复数）

⚠ equipment 不能用复数，如果错写成 equipments ✗，考官就会觉得我们是来“打酱油的”（just making a half-hearted attempt）

【Daily Mail 例句】More and more elderly people（老年人）who live alone use the Internet to keep in touch with family and friends.

07 make traffic more efficient

【含义】让交通变得更高效

减少交通堵塞的方法总结

- control the number of cars 控制汽车的数量
- improve public transport services 改善公共交通服务
- reduce the volume of traffic 减少交通量
- provide real-time traffic information to drivers 向司机们提供实时路况信息
- upgrade the road system 对道路系统进行升级

08 influence people's opinions

【含义】（广告、新闻节目、报纸等）影响人们的看法

词性： 这个短语里的 influence 是作及物动词

广 告	新闻节目
inform people about new products 告知人们关于新产品的资讯	provide the latest news and information 提供非常及时的新闻和资讯
encourage people to buy things 鼓励人们购物	inform people about important events 告知人们关于重要事件的信息资讯
boost the sales of products 提升产品的销量	broaden people's knowledge and interests 扩展人们的知识和兴趣

词性： inform 是 information 的动词形式，inform people about ... 是“告知人们关于……的资讯”

辨析 advertising 是不可数名词，泛指广告宣传；advertisement 是可数名词，指一条（或多条）广告

消费者的特点 ⇒

- are influenced by trends 受到潮流和趋势的影响
- have different tastes 有不同的欣赏趣味
- have different incomes 有不同的收入
- have different budgets 有不同的购物预算
- have different spending habits 有不同的消费习惯

【BBC 例句】People have different tastes and interests.

短语家族 Phrase Family

are easily influenced by ... 意思是“很容易受到……的影响”

- are easily influenced by advertisements
  （儿童）很容易受到广告的影响
- are easily influenced by media violence
  （青少年）很容易受到媒体里暴力内容的影响
- are easily influenced by their peers
  （青少年）很容易受到同龄人的影响

09 make the country more competitive

【含义】让国家变得更具有竞争力

词性： compete 是动词，competition 是名词，competitive 是形容词

扩展短语

- make the economy stronger
  让经济的发展更强劲

对比：

- make the country less competitive
  削弱国家的竞争力

- make the workforce more efficient
  让一个企业或者国家的劳动力变得更高效

对比：

- cause labour shortages
  （人口老龄化、低出生率）导致劳动力的短缺

短语家族 Phrase Family

- cause housing shortages 导致住房的短缺
- cause water shortages 导致水短缺
- cause food shortages 导致食品短缺

词性： 当 cause 作及物动词时，意思是“导致”，它和宾语之间不用介词。当 cause 作名词时，意思是“某个现象出现的原因”，这时它后面要用介词 of

【BBC 例句】Human activity is the main cause of global warming.

权利类短语
（含自由、选择、机会平等）

01 give them more freedom

【含义】给他们更多的自由

扩展短语

- reduce their freedom
  减少他们的自由
- restrict their freedom
  限制他们的自由，restrict 是动词“限制”的意思

02 increase their choices

【含义】丰富他们的选择

- reduce their choices 减少他们的选择
- provide people with more choices 为人们提供更多的选择

Choices（选择）→

- provide people with more food choices
  为人们提供更多的食品选择
- provide consumers with more shopping choices
  为消费者们提供更多的购物选择
- provide children with more entertainment choices
  为孩子们提供更丰富的娱乐选择

Opportunities（机会）→

- provide people with more job opportunities
  给人们提供更多的就业机会
- provide children with more learning opportunities
  给孩子们提供更多的学习机会

Activities（活动）→

- provide visitors with a wide range of educational activities
  （博物馆等）为参观者提供多种多样的有教育作用的活动
- provide people with a wide range of cultural activities
  （图书馆、博物馆等）为人们提供多种多样的文化活动

03 should be a personal choice

【含义】应当纯属个人的选择

扩展短语

- a free and fair society 一个自由、公正的社会（名词短语）
- should be free from government intervention
  应当免于受到政府的干涉

04 can have more flexible schedules

【含义】（学生们或者员工们）可以有更加灵活的时间安排

远程教育	远程上班
can study at their own pace 可以按照自己喜欢的进度学习 （说明：这个短语里的介词必须用 at）	can achieve a work-life balance 能够在工作和生活之间实现平衡

远程教育	远程上班
traditional classrooms 传统的教室（native speakers 也常用 physical classrooms 实体教室来指传统的教室）	can achieve a work-family balance 能够在工作和家庭之间实现平衡
can have face-to-face discussions 可以进行面对面的讨论	spend more time with their family 更多地和家人在一起
develop good learning habits 形成良好的学习习惯	save money on transport costs 节省交通费
form close friendships with their classmates　和同学们形成亲密的友谊（form 在这个短语里是动词："形成"）	help to reduce traffic jams 有助于减少交通堵塞

Pat's Note：

在英语文化里，任何在网络上进行的交流都不算 face-to-face interaction，即使双方在网上相互盯着看也不行☺

【NHS 例句】Walking or cycling to lectures helps students to save money on transport costs.

05 have job security

【含义】（员工）拥有工作的稳定性

⚠ job security 是指"工作的稳定性"，不要误解成"工作安全"

扩展短语

- have less job security
  工作不是很稳定
- have no job security
  没有工作的稳定性

对比：

- have a steady job
  有一份稳定的工作
- have a steady source of income
  有一份稳定的收入来源

06 employee benefits

【含义】员工福利（名词短语）

Pat's Note：

benefits 除了可以表示"益处"，也常指由政府或者企业提供的福利。例如：由政府提供的福利在英国就叫作 state benefits

扩展短语

- paid holiday
  带薪休假（名词短语）
- health insurance
  医疗保险（名词短语）

07 are treated fairly

【含义】（学生们或者员工们）受到平等的对待

扩展短语

- feel respected and valued
  感觉受到了尊重与重视
- have equal opportunities
  拥有平等的机会

对比：

- are treated unfairly
  （某类人）受到不公正的对待

- job applicants 求职者
- increase employees' job satisfaction
  提高员工们的工作满意度
- increase employees' loyalty to the company
  提高员工们对于公司的忠诚度

对比：

- have a bias against ...
  对（某类人）抱有偏见

08 promote gender equality

【含义】促进性别平等，促进男女平等

扩展短语

- can choose subjects more freely
  （男生和女生）可以更自由地选课
- gender bias
  性别偏见（名词短语）

扩展短语

- have equal educational opportunities 享有平等的受教育机会
- have equal opportunities for employment and promotion 享有平等的就业和升职机会
- improve gender balance 让男女比例变得更均衡
- traditional gender roles 传统观念里认为男性和女性各自应有的社会角色（名词短语）
- physical strength 肢体的力量（名词短语）
- social and emotional skills 社会交往能力和情感沟通能力（名词短语）

短语家族 Phrase Family

ensure 是及物动词"确保"

- ensure equal opportunities for all students 确保每个学生都获得公平的机会
- ensure equal opportunities for all applicants 确保每个申请者都能获得公平的机会
- ensure fairness 确保公平

09 violate their privacy

【含义】侵犯他们的隐私

- security cameras 安全监控摄像头
- in public places 在公共场所

Pat's Note：
在英美，public places 是指购物中心（shopping centers），办公楼（office buildings），restaurants（餐馆），机场（airports），学校（schools）等

【BBC 例句】Many of them think that security cameras violate their privacy.

责任类短语

(包含家庭责任、学生责任、学校责任、社区成员责任、政府责任、媒体责任)

家长的责任

01 **teach their children good behaviour**

【含义】教给孩子良好的行为举止

⚠ good behaviour 总是要用单数

- teach them the difference between right and wrong 教孩子明辨是非

Pat's Note:

您可能会觉得像这样的短语连幼儿园大班的小同学们都知道，不值得拿来“补脑洞”。可它真的就是 native speakers 表达“教孩子明辨是非”时最常用的一个短语。中国同学们在雅思作文里的真正敌人并不是用词不够“酷”，而是用词“酷毙了”，却让英语为母语的 examiners 陷入迷茫。请看剑 10 例句：

It is important for children to learn the difference between right and wrong at an early age.

- good role models / positive role models
  榜样（“坏榜样”则是 negative role models）

02 **give them advice and support**

【含义】给他们建议和支持

⚠ 在 IELTS 作文里，advice，support 和 potential 这三个名词总是保持单数

扩展短语

- respect their feelings
  尊重他们的感受
- support their choices
  支持他们的选择
- help them to achieve their potential
  帮助孩子充分发挥出自己的潜力
- respect their individuality
  尊重他们的个性
- encourage them to think independently
  鼓励他们去独立地思考

增进亲情的方式

- have meals together （家人们）一起进餐
- share ideas and feelings 分享想法和感受
- solve problems together 合作解决问题
- share parenting responsibilities （父母双方）共同分担培育孩子的责任
- take part in community activities together 一起参加社区活动
- strengthen family bonds
  增进亲情（这里的 bond 不是指007，而是指情感联系）

区分： strength 是名词"力量"，strengthen 是动词"增强"

短语家族 Phrase Family

- family members 家庭成员
- team members 团队成员
- community members 社区成员
- useful members of society
  能够创造有用价值的社会成员

03 working parents

【含义】工作的家长们

【经济学人例句】One solution is to make it easier for working parents to look after their own children.

扩展短语

- have busy careers
  事业非常忙碌
- lead a busy lifestyle
  生活忙忙碌碌
- spoil their children
  溺爱他们的孩子
- cannot achieve a work-family balance
  不能实现工作和家庭之间的平衡
- feel disconnected from their family
  感觉和他们的家人缺少沟通

区分： 在英式英语里，lead a … lifestyle 的意思是“保持某种生活方式”，lead 前面是某类人。而 lead to a … lifestyle 的意思是“带来某种生活方式”，lead to 前面是某种事物

【BBC 例句 1】It is important that healthcare workers encourage working women to lead a healthy lifestyle（保持健康的生活方式）.

【BBC 例句 2】Students should have opportunities to understand how physical activity（身体活动）can lead to a healthy lifestyle（带来健康的生活方式）.

构词： disconnected 是 connected 的反义词。类似的两对反义词是：
agree — disagree，honest — dishonest

学生的责任

04 achieve good grades / get good grades

【含义】（学生）取得好成绩

扩展短语

- good behaviour
  良好的行为（名词短语）
- behave well at school
  在学校里表现良好，它是特指学生的行为表现“很乖”
- perform well at school
  在学校里表现良好，它的含义更广，可以泛指学生在学习、艺术、体育等存在竞争的领域表现很出色

对比：

- have behaviour problems
  有行为问题
- do not follow school rules / break school rules　不遵守学校的规定

- develop self-discipline
  发展自制力
- become responsible members of society
  成为有责任感的社会成员

对比：

- unacceptable behaviour
  不可接受的行为，过分的行为
- drop out of school　辍学

【剑 10 例句】A child can be rewarded for good behaviour.

IELTS 作文最常考的四种责任感

- have a strong sense of responsibility towards their family
  对他们的家庭有很强的责任感
- have a strong sense of responsibility towards their work
  对他们的工作有很强的责任感
- have a strong sense of responsibility towards their community
  对他们的社区有很强的责任感
- have a strong sense of responsibility towards their country
  对他们的国家有很强的责任感

说明 如果想写“形成”很强的责任感，把 have 换成 develop 就好了

老人的责任

05 elderly people

【含义】老年人（名词短语）

西方文化 在英美，颇有一些 native speakers 觉得 old people 对老年人不够尊重，而 elderly people 则不会冒犯到任何人

扩展短语

- look after their grandchildren
  （祖父母们 grandparents）照看孙辈
- share their life experience with their grandchildren
  和孙辈分享他们的人生经验

对比：

- feel lonely and unhappy
  （老人们）感到孤独而且不开心

- have conservative views on many things
  对很多事物持有保守的看法
- generation gap 代沟
- lead to misunderstanding
  导致误解
- feel lonely and isolated
  感到孤独而且孤立

用法： look after 是个很有用的动词短语，因为它可以指各种“照看”，子女照看年迈的父母就是 look after their elderly parents

学校的责任

06 meet students' needs

【含义】(学校) 满足学生们的需求

用法： 这个短语里的动词 meet 不是遇见，而是“满足某种需求”的意思

扩展短语

- provide a broad and balanced curriculum 提供科目广泛、不偏科的课程安排
- core subjects 核心课程(名词短语)
- help students to achieve their potential 帮助学生们充分发挥出自己的潜力
- provide a well-rounded education 提供能帮助学生全面发展的教育
- become useful members of society (学生) 成为能够创造有用价值的社会成员

词性： balance 是名词或动词“均衡”，balanced 则是形容词“均衡的”

短语家族 Phrase Family

meet sb.'s needs 是指“满足某类人的需求”

- meet people's needs 满足人们的需求
- meet consumers' needs 满足消费者们的需求
- meet tourists' needs 满足游客们的需求

07 provide a friendly learning environment

【含义】提供一个友好的学习环境

- provide a friendly working environment 提供一个友好的工作环境

社区成员的责任

08 do volunteer work / do voluntary work

【含义】做义工

扩展短语

- respect their neighbours
  尊重他们的邻居
- develop good relationships with their neighbours
  和邻居们发展良好的关系
- make communities safer
  让社区变得更安全
- help people in need
  帮助贫困的人们

对比：

- harm communities 破坏社区生活

- take part in community activities
  参加社区活动
- build a strong sense of community
  建立很强的社区感
- make donations to charities
  为慈善组织捐款

对比：

- make communities unsafe
  让社区变得不安全

细节：charity 作可数名词时指“慈善机构”，作不可数名词时指“慈善事业”

Pat's Note：
在地道英文里，people in need 不是泛指一切需要帮助的人们，而是特指穷困的人们

短语家族 Phrase Family

- contribute to their community 为社区做贡献
- contribute to their country 为国家做贡献
- contribute to the economy （旅游业、广告业等）为经济做出贡献

政府的责任

09 improve public services

【含义】（政府）改进公共服务

扩展短语

- schools and universities
  中小学与大学
- libraries and museums
  图书馆和博物馆

- state pensions 由政府发放的公共养老金（名词短语）
- maintain law and order
  （政府）维持法律与社会秩序

- healthcare services
  医疗服务
- public transport services
  公共交通服务
- protect people's safety
  保护人们的安全

- improve infrastructure
  改善基础设施
- protect national security
  保卫国家的安全

细节：在地道英文里，infrastructure 是指道路系统（the road system），供电系统（the power supply system），供水系统（the water supply system）等基础设施

10 create jobs / create employment opportunities

【含义】创造就业

【BBC 例句】This trend can help the policies（政策）of the UK government to create jobs.

扩展短语

- employ many people
  （旅游业、广告业、博物馆、宾馆）雇佣大量的员工
  （employ 是动词：雇佣）

对比：
- take jobs away from …
  抢走……的就业机会
- cause unemployment 引发失业
- lead to job losses
  导致就业机会的减少

【BBC 例句 1】Heathrow Airport employs many people.

【BBC 例句 2】There is no evidence that immigrants take jobs away from local people.

11 reduce poverty

【含义】减少贫困现象

※ 关于 healthcare 中间是否保留空格，Pat 在本书里采用在英美最常见的写法：当 healthcare 作形容词时，写成一个单词，中间不留空格；而当 health care 作名词短语时，中间则保留一个空格

说明 poverty 是 poor 的名词形式：贫困

扩展短语

- reduce hunger
  减少饥饿现象
- reduce social inequality
  减少社会不公

写"履行"某种责任时，native speakers 常会用动词 fulfil

- fulfil their family responsibilities 履行他们的家庭责任
- fulfil their job responsibilities 履行他们的工作责任
- fulfil their social responsibilities （个人或企业）履行对于社会的责任
- fulfil their environmental responsibilities
  （个人或企业）履行对于环境的责任

短语家族 Phrase Family

12 introduce laws to ...

【含义】通过立法来……

说明 这个短语里的 introduce 不是介绍，而是指"引入"的意思

【BBC 例句】The Scottish government plans to introduce laws to ensure that seatbelts are provided on school buses.

扩展短语

- is practical and fair
  （某项政策）是切实可行的而且很公正的
- is a long-term solution
  是长期有效的解决方案

对比：

- is impractical and unfair
  是不可行而且也不公正的
- is a short-sighted policy
  是一项短视的政策

构词： impractical 是 practical 的反义词，unfair 是 fair 的反义词

regulate＋宾语 是指政府对某事物进行严格的监管

- regulate media violence 对媒体里面的暴力内容进行严格的监管
- regulate advertising aimed at children 对针对儿童的广告进行严格的监管
- regulate genetically modified food / regulate GM food 对转基因食品进行严格的监管

短语家族 Phrase Family

Pat's Note:

我们说过：学术写作里不宜使用缩写形式，但 GM food 这一写法即使在英国本土发表的学术论文里同样很常见，英国人也怕麻烦 ☺

13 run campaigns to encourage people to ...

【含义】（政府）举办大型的系列宣传活动以鼓励人们去……

⚠ 这个 run 不是跑步，而是指“举办”

Pat's Note:

campaign 的本意是战役，但在雅思作文里，它总是指“大型的系列宣传活动”。例如：advertising campaigns（大规模的广告系列宣传活动）

- encourage people to exercise regularly 鼓励人们经常锻炼
- encourage people to make healthy food choices 鼓励人们选择健康的食品
- encourage people to buy eco-friendly cars 鼓励人们购买环保型的汽车

⚠ encourage sb. to do sth. ✓， encourage sb. doing sth. ✗

短语家族 Phrase Family

14 promote fair competition

【含义】（政府）促进公平的竞争

- compete fairly （个人或者企业）公平地竞争

Pat's Note:

compete 是动词，competition 是名词；raise 是及物动词（必须接宾语），rise 是不及物动词（绝不能接宾语）；spend 的过去分词是 spent 而不是 spended …… 这些都是超级基础的词汇知识。但是在雅思作文里，对它们"胡作非为"的同学可真不少。**在成为一个用词的"男神 / 女神"之前，你必须先学会做好一个用词的普通人。**抵制难词怪词，告别眼高手低，才是 IELTS 词汇评分项提分的唯一正解

媒体的责任

15 **provide reliable information**

【含义】（广告、报纸等）提供可靠的信息

⚠ information 和 knowledge 都不能用复数

扩展短语

- help consumers to make better decisions （广告）帮助消费者们做出更好的购物决定
- provide fair and balanced reports （报纸、新闻节目等）提供公正的、不偏颇的报导

对比：

- are driven by profit （媒体、企业等）是受到营利目的驱动的
- false information 虚假信息（名词短语）

对比：

- mislead the public 误导公众
- provide misleading information 提供有误导性的信息

词性：

mislead 是动词"误导"，misleading 是形容词"有误导性的"

reliable 是形容词"可靠的"，不仅在媒体话题里很好用，而且在环境、医疗、交通等话题里也是能够戳中考官"加分点"的好词

- a reliable source of energy 一种可靠的能源
- reliable healthcare services 可靠的医疗服务
- reliable public transport services 可靠的公共交通服务

短语家族 Phrase Family

环境类短语
（包含环境污染、能源危机、转基因食品、动植物）

01 damage the environment

【含义】破坏环境

扩展短语

- create waste and pollution
  产生垃圾废料和污染
- create more waste
  产生更多的垃圾、废料

说明 这个短语里的 waste 不是指浪费，而是指“垃圾、废料”

- household waste
  家庭生活垃圾（名词短语）
- industrial waste
  工业废料（名词短语）

【Guardian 例句】These companies create waste and pollution, and put people's health at risk.

词性：industrial 是 industry 的形容词形式

pollute + 宾语 表示“污染……”

- pollute the air 污染空气
- pollute rivers and lakes 污染河流与湖泊
- pollute the environment 污染环境

Pat's Note：

中国同学们都爱用名词 pollution，其实动词 pollute 在地道英文写作里的出现频率一点也不比 pollution 少。

短语家族 Phrase Family

02 industrial production

【含义】工业生产（名词短语）

词性： production 是 produce 的名词形式

扩展短语

- create waste and pollution
  产生垃圾废料和污染
- cause health problems
  导致健康问题

对比：

- control industrial pollution
  控制工业污染
- reduce industrial pollution
  减少工业污染

- toxic waste
  有毒的废料（名词短语）
- cause smog and acid rain
  导致雾霾和酸雨

⚠ smog（雾霾）和 acid rain（酸雨）都不能用复数

【CNN 例句】"Under the Dome"（穹顶之下）tries to find new solutions to the smog problem.

03 traffic pollution

【含义】交通污染（名词短语，注意 pollution 不能加复数）

扩展短语

- air pollution　空气污染
- traffic noise　交通噪声，也是交通污染的一种
- car fumes　汽车尾气
- increase greenhouse gas emissions
  导致温室效应气体的排放增多

交通污染的解决之道

- control the number of cars　控制汽车的数量
- raise vehicle taxes　提高车辆税

- improve public transport services 改进公共交通服务
- reduce people's dependence on cars 减少人们对于汽车的依赖
- encourage people to buy eco-friendly cars 鼓励人们购买环保型的汽车
- develop cleaner energy 研发更清洁的能源
- walk or cycle to work or school 步行或者骑自行车上班、上学

Pat's Note：

“交通运输方式”在英文写作里常被称为mode of transport，例如：road transport（公路运输），rail transport（铁路运输）和air transport（航空运输）

eco-friendly是英美近年来很火的一个形容词，指“有益于环保的、有益于生态的”

- eco-friendly cars 环保型汽车
- eco-friendly buildings 环保型建筑
- eco-friendly lifestyles 环保的生活方式
- eco-friendly tourism / eco-tourism 不破坏生态的旅游业

reduce people's dependence on ... 的意思是减少人们对于某事物的依赖

- reduce people's dependence on cars
  减少人们对汽车的依赖
- reduce people's dependence on social networking websites
  减少人们对社交网站的依赖
- reduce their dependence on international aid
  减少（发展中国家）对于国际援助的依赖

思考：dependence（依赖）是什么词性？

短语家族 Phrase Family

04 fossil fuels

【含义】化石燃料（名词短语）

Pat's Note：

化石燃料主要指 oil, gas and coal（石油，天然气和煤），它们都是不可再生的能源，而且会导致温室效应气体的排放量增多，加剧气候变化

扩展短语

- rely too much on fossil fuels
  过度地依赖于化石燃料

对比：

- solar energy　太阳能
- wind energy　风能
- water power　水电
- is cleaner　更清洁
- does not pollute the environment
  不污染环境

- non-renewable energy sources
  不可再生的能源
- energy crisis
  能源危机

对比：

- renewable energy sources
  可再生的能源
- depend on weather conditions
  取决于天气的状况

Pat's Note：

rely too much on ...是地道英文里极为常用的一个 phrase，Pat 却极少能在中国同学的作文里看到这样的地道短语，放眼望去，只有漫山遍野的大词和长难句。不禁感叹：good phrases 都去哪儿了？

【BBC 例句】Pilots today rely too much on technology rather than flying skills.

区分： 如果要表示“严重地依赖于……”，则可以写：rely heavily on...

理性看待“谈核色变”

负面：

- nuclear waste
  核废料
- nuclear accident
  核事故
- cause health and safety problems
  导致健康和安全问题

正面：

- nuclear power 核电
- nuclear power stations 核电站
- does not depend on weather conditions 不依赖于天气状况
- can help to reduce greenhouse gas emissions
  有助于减少温室效应气体的排放量

05 increase greenhouse gas emissions

【含义】（工业生产、长途飞行等）导致温室效应气体的排放量增加

扩展短语

- contribute to climate change
  加剧气候的变化
- contribute to global warming
  加剧全球变暖
- reduce greenhouse gas emissions
  减少温室效应气体的排放
- reduce carbon emissions
  减少碳排放

说明 中国考生们都知道 contribute to 是“做贡献”的意思，其实在 contribute to 后面也同样可以接负面现象，表示“加剧”这种负面现象的意思

【BBC 例句】30% of the greenhouse gases that contribute to climate change come from forest destruction.

06 rapid population growth

【含义】人口的快速增长（名词短语）

扩展短语

- consumer goods 消费品，例如：食品、服装、手机、家用电器、玩具、汽车等都是 consumer goods
- meet consumers' needs
  满足消费者们的需求
- increase the demand for consumer goods 增加对消费品的整体需求
- use more natural resources
  使用更多的自然资源

对比：

- use more energy
  使用更多的能量
- create more waste and pollution
  产生更多的垃圾废料和污染

对比：

- promote sustainable development
  促进可持续发展（不破坏自然环境的发展）
- achieve sustainable development
  实现可持续发展

说明 goods 不是"很多的好"，而是指"商品"，表示这个意思时它必须用复数

⚠ 短语 natural resources（自然资源）通常都使用复数形式

increase the demand for + 宾语 的意思是"增加对于某事物的整体需求"

- increase the demand for energy 增加对能源的整体需求
- increase the demand for natural resources
  增加对自然资源的整体需求
- increase the demand for housing 增加对住房的整体需求（说明：housing 是一个不可数名词，泛指各类住房）
- increase the demand for health care 增加对医疗的整体需求

put pressure on ... 是一个"灰肠"好用的短语，意思是"对……构成压力"，

- put pressure on natural resources
  （人口的增长、消费的增长等）对自然资源构成压力
- put pressure on the local infrastructure
  （旅游业）对当地的基础设施构成压力
- put pressure on the healthcare system
  （人口老龄化）对医疗体系构成压力

短语家族 Phrase Family

07 meet their environmental responsibilities
fulfil their environmental responsibilities

【含义】（个人、公司、政府）履行他们／它们对于环境的义务

个 人 履行环境义务的方式

- lead eco-friendly lifestyles 坚持环保的生活方式
- reuse shopping bags 重复使用购物袋
- recycle cans and bottles 循环利用瓶瓶罐罐
- choose products with less plastic packaging 选择塑料外包装比较少的产品
- use public transport more often 更多地使用公共交通
- walk or cycle to work or school 步行或骑自行车上班、上学

⚠ recycle cans and bottles 里面的 can 不是“可以”，而是指“金属罐儿”

公 司 履行环境义务的方式

- reduce their waste 减少垃圾废料
- recycle their waste 对垃圾废料进行循环利用
- treat their waste properly 对垃圾废料进行妥善处理
- develop cleaner energy 研发更清洁的能源

说明 这些环保措施都可以帮助企业 boost their image（提升它们的公众形象）

政 府 履行环境义务的方式

- improve public transport 改进公共交通
- run campaigns to encourage people to use public transport 举办大型的系列宣传活动来鼓励人们使用公共交通
- introduce laws to protect the environment 通过立法来保护环境
- fine companies that pollute the environment 对污染环境的公司进行罚款（说明：这个 fine 是及物动词，罚款的意思）
- give financial support to research on renewable energy 为可再生能源的研究提供资助

08 become overcrowded

【含义】(城市) 变得过于拥挤

扩展短语

- are polluted 受到污染
- urban areas 城市地区
- rural areas 农村地区

- feel disconnected from nature
  (在城市当中生活的人们) 感觉自己的生活与大自然脱节

⚠ nature 表示自然界的时候，它的前面不写 the

⚠ 很多中国同学把 urban 和 rural 误当成名词用。其实在地道英文里，urban 和 rural 只作形容词，修饰它们后面的名词，例如：urban areas，urban living，urban residents（城市里的居民），rural areas，rural living，rural residents 等

09 genetically modified food

【含义】转基因食品（按英美习惯也可以写成 GM food）

扩展短语

- make food look more attractive
  让食品看起来更吸引人
- GM crops 转基因的农作物
- grow faster 生长得更快

对比：

- pose health risks to consumers
  给消费者们带来健康风险

- genetic engineering technology
  基因工程技术
- increase crop yield
  提高农作物的产量

相关短语：

(1) factory farming 高密度养殖，“工厂化养殖”，这种养殖方式会破坏家禽或家畜的健康，是目前在英美备受争议的一种养殖方式

(2) chemicals 泛指化学药品，例如：pesticides（杀虫剂）

(3) organic food 指有机食品，safer and healthier（更安全而且更有益于健康的）

10 cut down forests / log forests

【含义】砍伐森林

【经济学人例句】People have logged forests for agriculture（农业）.

扩展短语

- human activities
  人类的活动（名词短语）
- wildlife habitats
  野生动植物的栖息地（名词短语）
- lead to natural disasters
  导致自然灾害
- destroy wildlife habitats
  破坏野生动植物的栖息地
- reduce biodiversity
  减少生物的多样性

对比：

- protect wildlife habitats
  保护野生动植物的栖息地

说明 wildlife 既包括 wild animals（野生动物），也包括 wild plants（野生植物）。但要注意：wildlife 不能用复数

【BBC 例句】Industrial waste could destroy wildlife habitats.

11 endangered animals

【含义】（名词短语）濒危动物

扩展短语

- wildlife products
  用野生动植物制成的产品
- die out / become extinct 灭绝

对比：

- introduce laws to protect wild animals 通过立法来保护野生动物

- illegal wildlife products
  非法的野生动植物制品
- ivory trade 象牙交易

对比：

- wildlife reserves
  野生动植物保护区
- create more wildlife reserves
  创立更多的野生动植物保护区

- are hunted for their skins （老虎等）因为它们的兽皮而遭到捕猎
  这个固定搭配里的 skin 可以用复数

【BBC 例句】Tigers are hunted for their skins and bones（骨头）.

- are hunted for their meat 因为它们的肉而遭到捕猎
- are hunted for their fur 因为它们的毛皮而遭到捕猎

短语家族 Phrase Family

Some wild animals are hunted for their fur

12 animal experiment

【含义】动物实验（名词短语，"从事"动物实验的动词用 do，perform 或者 conduct 都可以）

扩展短语

- animal testing
  动物试验（名词短语）
- cause pain to them
  给它们造成痛苦

对比：

- medical research
  医学研究（名词短语）
- develop new medicines
  研发新的药物

- are kept in cages
  被关在笼子里
- is cruel and inhumane
  是残忍的而且不人道的
- is morally wrong
  是不道德的

对比：

- test the safety of new medicines
  检测新药物的安全性
- reduce their suffering
  减少它们的痛苦

n. v. suffer

Pat's Note: medicine 通常是作不可数名词。但当表示多种不同的药物时，medicine 在地道英文里则可以使用复数形式 medicines。类似的情况还有 technology，科技通常是不可数的，但表示多种不同的科技时，地道英文里却允许写 technologies

【经济学人例句】Barack Obama has encouraged the development of such technologies.

健康类短语
（包含健康的生活方式、老龄化、心理健康）

01 lead a healthy lifestyle

【含义】保持健康的生活方式

扩展短语

- do more physical activity
  从事更多的体力活动
- lead an active lifestyle
  泛指在生活当中经常运动、健身、从事户外活动等
- is a good way to stay healthy
  是一种保持健康的好方法
- maintain good health
  保持身体健康
- improve their health and well-being
  增进健康和幸福感
- reduce the risk of heart disease and high blood pressure
  减少患心脏病和高血压的风险

【BBC 例句】Brisk walking（健步走，近年来在英美非常流行的健身方式）is a good way to stay healthy.

说明 do more physical activity 可不是"Chinglish"，而是 NHS（英国的国家医疗体系）向英国人民重点推荐的健康生活方式

【BBC 例句】Parents should encourage their children to do more physical activity.

当代英语国家的生活健康准则

- exercise regularly 经常锻炼身体
- walk or cycle regularly 经常步行或者骑自行车
- have a balanced diet 保持均衡的饮食结构
- eat more fruit and vegetables 多吃蔬菜和水果

【BBC 例句】People in England eat more fruit and vegetables and less salt and fat.

- keep a regular sleep schedule 保持有规律的睡眠时间
- achieve a work-life balance 实现工作和生活之间的平衡

02 lead an unhealthy lifestyle

【含义】过着不健康的生活

扩展短语

- a sedentary lifestyle
  缺乏运动的生活方式（反义：an active lifestyle）
- have an unhealthy diet
  饮食结构不健康
- damage their health
  损害他们的健康
- cause health problems
  导致健康问题
- are overweight
  超重（overweight 的语气比 fat 客气一点）
- increase the risk of heart disease and high blood pressure
  导致患心脏病和高血压的风险上升

【BBC 例句】People who lead a sedentary lifestyle are at greater risk of developing diabetes（糖尿病）

IELTS 作文里的 6 种常见病

- **heart disease** 心脏病
- **high blood pressure** 高血压
- **diabetes** 糖尿病 /daɪə'bi:ti:z/
- **obesity** 肥胖症

说明 以上四种病都与不健康的饮食和缺乏锻炼有关

- **asthma** 哮喘病
- **lung cancer** 肺癌

说明 以上两种病与吸烟（smoking）、空气污染等有关

03 home-cooked food

【含义】家里做的饭菜（名词短语）

扩展短语

- have a healthy and balanced diet
  保持健康、均衡的饮食结构
- fresh food
  新鲜的食品
- is more nutritious
  是更有营养的

词性：
nutrition 是名词“营养”，
nutritious 是形容词“有营养的”

04 fast food

【含义】快餐

扩展短语

- high-fat food
  高脂肪的食品
- contain too much fat
  含脂肪量过多
- high-sugar food
  含糖量高的食品
- contain too much sugar
  含糖量过多
- lead a fast-paced lifestyle （城市里的人们）过着快节奏的生活
- frozen food 冷冻食品
- sugary drinks
  含糖量很高的饮料，例如“烤鸭”们特别喜欢的 7 Up ☺
- pose health risks
  构成健康方面的风险

Pat's Note：
pose health risks 的后面还可以写清楚对哪类人构成健康风险，例如：pose health risks to consumers，pose health risks to children 等

05 outdoor sports

【含义】户外运动（名词短语）

规律： 表示“从事”户外运动，动词用 do 或者 play；表示“参加”户外运动，动词用 take part in 或者 participate in 都可以

运动的好处

- increase strength, speed and balance 提高力量、速度和平衡能力
- improve memory and concentration 提高记忆力和注意力
- feel energetic 感到精力充沛的
- develop strong willpower 形成顽强的意志力
- build self-confidence 树立自信
- reduce stress and anxiety 减轻压力和焦虑
- improve their health and well-being 增进健康和幸福感
- improve hand-eye coordination 增强手和眼的协调能力
- take part in team sports / participate in team sports 参加团队运动
- develop their teamwork skills 发展他们的团队合作能力
- give them a sense of achievement 带给他们一种成就感

【BBC 例句】Sport provides fun and a sense of achievement.

说明 这些短语都不难，但是已经可以为任何英美运动产品"带盐"了☺

06 promote healthy lifestyles

【含义】（政府、媒体等）推广健康的生活方式

扩展短语

- encourage people to exercise regularly 鼓励人们去经常锻炼身体
- regulate fast food advertising 对快餐广告进行严格的监管
- encourage people to make healthy food choices 鼓励人们去选择健康的食品

- improve public health
  增进公众的健康
- raise people's health awareness
  提高人们的健康意识（注意：这个短语里不能用 healthy）

07 improve healthcare services

【含义】改善医疗服务

扩展短语

- healthcare workers 医疗工作者，例如：doctors 和 nurses（名词短语）
- improve the healthcare system
  改善医疗体系
- medical technology
  医疗科技（名词短语）
- medical treatment
  医学治疗

08 population ageing（英式拼写）/ population aging（美式拼写）

【含义】人口的老龄化（名词短语）

扩展短语

- retired people
  退休的老人们
- rising life expectancy
  上升的人口预期寿命

说明 retired people 的反义短语是 working adults（工作的成年人）

【经济学人例句】These measures are not unreasonable because of Australia's rising life expectancy.

词性： retire 是动词，retirement 是名词，retired 是形容词

人口老龄化带来的问题 →

- cause labour shortages
  （人口老龄化、低出生率）导致劳动力的短缺
- put pressure on the healthcare system
  对医疗体系构成压力
- increase the burden on taxpayers
  加重纳税人的负担

人口老龄化解决办法 →

- save money for retirement
  （个人）为退休养老存钱
- retire later
  （个人）更晚退休
- raise the retirement age
  （政府）提高法定退休年龄
- encourage immigration
  （政府）鼓励其他国家的人向本国移民

09 cause stress and anxiety

【含义】导致压力和焦虑

扩展短语

- damage their emotional health
  对他们的心理健康有害

对比：

- improve their emotional health
  增进他们的心理健康
- is a good way to reduce stress and anxiety 是一种减轻压力和焦虑的好方法

- cause frustration
  导致挫败感

对比：

- is a good way to relieve stress and anxiety
  是一种减轻压力和焦虑的好方法

Pat's Note：

emotional

Pat 注意到中国考生凡写“心理的”必用 psychological 那个大词（而且经常会拼错）。但是在真实的英美生活里，更简洁的 emotional 却远远更常用，这让背大词已经背出“斯德哥尔摩症”的孩子们情何以堪？

【BBC 例句】The report measures happiness in everything from family life to physical（身体的）and emotional health.

10 lead a stressful lifestyle

【含义】在生活当中承受很大的压力

扩展短语

- are under great pressure with their studies
  在学业当中承受着很大的压力

对比：

- work long hours 长时间地工作
- often work overtime 经常加班
- cannot achieve a work-life balance
  不能在工作与生活之间获得平衡

- academic stress
  学业上的压力

对比：

- work-related stress
  和工作有关的压力
- have little time for leisure
  很少有时间从事休闲活动

细节： 请中国同学们一定注意：pressure 里面不含字母 a

说明 按照英美习惯，地道短语 work long hours 里可以不用介词 for

同辈压力

peer pressure （同辈压力）是英语文化里面的一个常用概念。例如：“剩男”、“剩女”们忙着相亲，一直很乖的小朋友突然欺负小伙伴儿，不爱喝酒的人却“喝高了”，往往都是因为来自于同辈的压力

- face tough competition for jobs （求职者）面对激烈的就业竞争
- face tough competition for promotion （员工）面对激烈的升职竞争
- face tough competition for business （企业）面对激烈的商业竞争

说明 这 3 个短语里的 tough 如果换成 keen 也是地道英文

短语家族 Phrase Family

11 have a strong sense of belonging

【含义】有一种很强的归属感

扩展短语

- develop good relationships with their neighbours
  与邻居们发展良好的关系

对比：

- lack a sense of belonging
  缺乏归属感
- do not even know their neighbours
  甚至不认识他们的邻居
- feel lonely and unhappy
  感到孤独而且很不开心

- build a strong sense of community
  建设很强的社区感

对比：

- lack a sense of community （生活在城市里的人们）缺乏社区感
- feel homesick 非常思念亲人（可别误解成“卧床不起”）
- feel lonely and isolated
  感到孤独而且被孤立

在地道英文里，a sense of pride 并不是骄傲的意思，而是“荣誉感”。

develop a sense of pride in ... 的意思就是“形成对……的荣誉感”

- develop a sense of pride in their school 形成对学校的荣誉感
- develop a sense of pride in their company 形成对公司的荣誉感
- develop a sense of pride in their country 形成对祖国的荣誉感

相关：

- boost national pride 提升公众的民族自豪感
- inspire people （名人的成功经历、太空探索、新的科学发现等）鼓舞人们，激励人们

短语家族 Phrase Family

12 spend too much time online

adv.

【含义】花过多的时间上网

扩展短语

- cause health problems
  导致健康问题
- damage their health
  破坏健康
- harm their eyesight
  伤害他们的视力
- spend too much time in front of a computer screen
  在电脑屏幕前所花的时间过多，用电脑的时间过久
- spend too much time in front of a television screen
  在电视屏幕前所花的时间过多，看电视的时间过久

Pat's Note：

在英美还专门有一个名词短语 screen time（盯着电子屏幕的时间），人们用来看电视、使用电脑或者打电子游戏的时间都可以称为 screen time，而 limit their children's screen time 也成了很多英美家长的重要责任

【Telegraph 例句】David Cameron（现任英国首相）encouraged parents to limit their children's screen time.

大作文常涉及的两类不健康习惯

（1）过度地依赖于……

- rely too much on fast food 过度依赖于快餐
- rely too much on the Internet 过度依赖于网络
- rely too much on cars 过度依赖于汽车

（如果要写“严重地依赖于……”，则可以写：rely heavily on）

（2）对……上瘾 be addicted to

- are addicted to junk food 对垃圾食品上瘾
- are addicted to media violence 对媒体里面的暴力内容上瘾
- are addicted to social networking websites 对社交网站上瘾

财务类短语
（包含个人财务、贫富差距、政府资金分配、国际贸易、国际援助）

01 consumer society

【含义】它的准确意思并不是消费者社会，而是“崇尚消费的社会”

扩展短语

- consumer culture
  崇尚消费的文化，“消费文化”
- follow the latest trends
  追随最新的潮流，“跟风”
- create more jobs
  创造更多的就业
- increase international trade
  增加国际贸易

对比：

- become greedy and selfish
  变得贪婪而且自私
- earn more money
  挣更多的钱（earn money 比 make money 更适合写作）

- increase the demand for consumer goods
  增加对消费品的整体需求
- have a higher standard of living
  有更高的生活水平

对比：

- focus on money and possessions
  集中精力于金钱和财产上面
- status symbols
  身份和地位的象征

⚠ 关于 consumer society 对自然环境的影响请复习环境类短语，复习永远不是浪费时间

02 develop good spending habits

【含义】形成良好的消费习惯

扩展短语

- manage their money well
  管理好他们的财务

- manage their budget well
  管理好他们的开支预算

- save for the future
  为将来存钱

对比：

- cannot manage their budget
  不会管理自己的开支预算
- buy things on impulse
  冲动地购物

- save for retirement
  为退休养老存钱

对比：

- have high credit card debts
  拖欠很高的信用卡债务，过“负翁”生活

03 involve high costs

【含义】涉及到高昂的费用

【BBC 例句】Some courses, such as medicine and engineering, involve high costs .

反义：reduce costs 减少开支

扩展短语

- high living costs / high costs of living 高昂的生活费用（名词短语）
- high housing prices 高房价
- rising healthcare costs
  上涨的医疗费用

对比：

- become more affordable （某种商品或服务）价位变得更合理

- rising educational costs
  上涨的教育费用
- rising childcare costs
  上涨的照看孩子的费用，例如：把孩子送到托儿所（nursery）或请临时看护人（babysitter）的费用

说明 英语里的学费叫作 tuition fees

【BBC 例句 1】Air travel（乘飞机的旅行）has become more affordable.

【BBC 例句 2】The plan to increase tuition fees for students in England may not save the taxpayer any money.

04 low-cost airlines

【含义】提供低价航线的航空公司

Pat's Note:

地道英文里 airlines 的准确意思其实是指 airline companies，即航空公司 √，而不是像很多同学误以为的指航线 X

- low-cost flights 低价航班
- travel more efficiently 更高效地旅行

05 the gap between rich and poor

【含义】贫富差距（名词短语）

Pat's Note:

这个短语里的 rich 和 poor 之前如果都写 the 也是地道的。"扩大"贫富差距动词可以用 increase 或者 expand，"减小"贫富差距动词可以用 reduce 或者 narrow

扩展短语

- low-income families
  低收入的家庭
- live in poverty
  生活在贫困当中

对比：

- high-income families
  高收入的家庭

- homeless people
  无家可归的人们
- unemployed people
  失业的人们
- face financial difficulties
  面对财务上的困难

对比：

- reduce income inequality
  减少收入不平等现象

06 make large profits

【含义】（公司、企业）获得很高的利润

扩展短语

- reduce costs
  减少开支

- are driven by profit （企业、广告等）是受到营利目的驱动的

07 give financial support to ... / provide financial help to ...

【含义】(政府、大学、慈善组织、发达国家等)为……提供资助

扩展短语

- receive financial support from ...
  获得资助
- rely on the government for money
  (公共博物馆、公共图书馆、公立学校等)依靠政府的资助

对比:

- support themselves 自食其力

对比:

- reduce their dependence on the government
  减少他们对于政府的依赖

08 has more important concerns

【含义】(政府)还有其他更需要关注的问题

扩展短语

- only has limited funds
  只有有限的资金
- improve public services
  改善公共服务
- government spending
  政府的开支(名词短语)
- should give priority to ...
  应该把……当成主要的关注对象

语法:在英国,集合名词 the government 后面的动词使用单数或者复数形式都可以,在正式写作里用"单三"更常见一些。它的复数形式 governments(不加定冠词)是泛指"各国政府、各级政府或者各地政府"

【BBC 例句】Governments can help to reduce greenhouse gas emissions by 50%.

- is a waste of public money 是对公共资金的浪费
- is a waste of time 是浪费时间
- is a waste of energy 是浪费精力(或者能源)

短语家族 Phrase Family

09 should increase spending on ...

【含义】(政府) 应该加大对……的资金投入

扩展短语

- are funded by ...
  是由……资助的
- research funding
  科研经费(名词短语)
- are under-funded （学校、博物馆、美术馆、图书馆等）资金不足
- face financial difficulties
  面临资金困难

IELTS 议论文常考的 public services (政府提供的公共服务)

- education 教育
- healthcare services 医疗服务
- public transport services 公共交通服务
- state pensions 由政府提供的养老金
- libraries and museums 图书馆和博物馆
- the police 警察
- the armed forces / the military 军队

10 government tax revenue

【含义】政府的税收 (名词短语)

Pat's Note:
个人和家庭的收入叫作 income，政府和机构的收入叫作 revenue

扩展短语

- pay taxes （公司或个人）交税

对比：

- impose taxes on ...
  （政府）对……征税
- is an important source of government tax revenue
  （旅游产业、广告产业、体育产业等）是政府税收的重要来源

文化：为了增进公民的健康，有些欧洲国家 imposed high taxes on junk food，俗称“肥胖税”

increase the burden on ... 的意思是"加重……的负担"

- increase the burden on taxpayers 加重纳税人的负担
- increase the burden on the healthcare system 加重医疗体系的负担
- increase the burden on the state pension system 加重国家养老金体系的负担

- advertising revenue （媒体）来自广告费的收入
- admission revenue （博物馆）来自门票费的收入

文化 在英美，博物馆的门票费叫作 admission fee，免门票费叫作 free admission

短语家族 Phrase Family

11 contribute to the economy

【含义】为经济做出贡献

扩展短语

- contribute to the local economy （旅游业、游客、移民、体育赛事等）为当地的经济做出贡献
- boost economic growth 促进经济的增长（注意：economic growth √，economy growth ✗）
- improve people's standard of living 改善人民的生活水平
- make the country more competitive 让国家变得更有竞争力

对比：

- damage the economy 破坏经济的发展
- make the country less competitive 削弱国家的竞争力

【BBC 例句】Tourist attractions（旅游景点）create jobs and contribute significantly（显著地）to the local economy.

短语家族 Phrase Family

attract + 宾语 的意思是"吸引……"

- attract many tourists （旅游景点）吸引大量的游客
- attract many visitors （博物馆、美术馆）吸引大量的参观者
- attract many viewers, listeners or readers
  （媒体）吸引大量的观众、听众或读者

Pat's Note：
博物馆的"馆藏"在地道英文里叫作 museum collections，"展览"叫 exhibitions

【BBC 例句】This project will help to attract tourists from around the world.

12 the tourism industry

【含义】旅游产业

扩展短语

- contribute to the local economy
  为当地的经济做贡献
- create jobs for local people
  为当地人创造就业
- spend money on local goods and services
  （游客们）消费当地的商品与服务
- hotels and restaurants
  酒店和餐馆
- employ many people
  雇佣大量的员工（employ 是动词：雇佣）
- buy souvenirs
  （游客们）购买旅行纪念品

对比：
- put pressure on local resources
  对于当地的资源构成压力

【BBC 例句】In the UK, the advertising industry employs many people.

短语家族 Phrase Family

- the advertising industry 广告产业
- the art industry 艺术产业
- the sports industry 体育运动产业

13 long-distance food

【含义】被长距离运输的食品（名词短语）

扩展短语

- provide consumers with more choices
  给消费者们提供更多的选择

对比：

- take away jobs from local farmers
  抢走当地农民的就业机会

- increase greenhouse gas emissions
  导致温室效应气体的排放量增多

- contain harmful chemicals
  含有害的化学物质

14 multinational companies / multinational corporations

【含义】跨国公司（名词短语）

扩展短语

- provide consumers with more choices
  为消费者们提供更多的选择

对比：

- control the local market
  控制当地的市场

- drive local companies out of business 导致当地的企业很难生存

- pollute the local environment
  污染当地的环境

- lead similar lifestyles （不同地区的人们）过着相似的生活

- employ local people
  雇佣当地的员工（说明：employ 是 employment 的动词形式）

对比：

- are driven by profit
  （企业）是受营利目的所驱动的

- poor working conditions
  恶劣的工作条件（名词短语）

- threaten cultural diversity
  威胁文化的多样性

说明 threaten 是 threat（威胁）的动词形式，相同含义也可以用短语 pose a threat to 来表达

【BBC 例句】These housing developments will not pose a threat to local wildlife.

15 international aid

【含义】国际援助（名词短语）

扩展短语

- financial aid 资金援助
- development aid 发展援助，为了促进受援国的教育、科技、基础设施建设等而进行的援助
- improve international relations 增进国际关系
- is a long-term solution （发展援助）是长期有效的解决方案

对比：

- misuse the aid （受援国的政府）滥用援助，misuse 是 use 的反义词“滥用”的意思

- donor countries 提供援助的国家，援助国
- recipient countries 接受援助的国家，受援国
- boost economic growth 促进经济的增长
- is a long-term solution 是长期有效的解决方案
- reduce their dependence on international aid 减少它们（受援国）对于国际援助的依赖

对比：

- influence the politics of other countries （用国际援助）影响其他国家的政治
- lead to more corruption 导致更多的腐败

Pat's Note：

如果感觉“援助国”和“受援国”不好记，那么咱们就用浅显的英文来解释它们：援助国就是 countries that provide aid，而受援国当然就是 countries that receive aid 了，当想不出 impressive 的表达时，用浅显的英文来解释也能让考官看明白你的意思

安全类短语

(包含犯罪率、改造罪犯、青少年犯罪、网络犯罪、交通安全、国家安全)

01 reduce crime rates

【含义】降低犯罪率

扩展短语

- prevent crime 预防犯罪

对比:

- commit a crime / commit crimes 犯罪
- rising crime rates 上升的犯罪率
- violent crime 暴力犯罪

⚠ 地道英文里不能写 make a crime ✗

deter + 宾语 的意思是“震慑违法行为或者震慑违法者”

- deter criminals 震慑罪犯(震慑人)
- deter crime 震慑犯罪(震慑行为)
- deter dangerous driving 震慑危险的驾驶行为
- deter anti-social behaviour 震慑反社会的行为

【BBC 例句】We will install(安装)more security cameras(安全监控摄像头)to deter criminals.

短语家族 Phrase Family

02 reform criminals

【含义】改造罪犯

扩展短语

- prepare them for employment 帮助他们为就业做准备
- provide them with vocational training 为他们提供职业培训
- provide them with career advice 为他们提供职业规划建议
- provide them with career guidance 为他们提供就业指导
- have a steady source of income 有一份稳定的收入来源
- become law-abiding citizens 变成守法的公民

- family support
  来自于家人的支持（名词短语）

- become useful members of society
  成为可以创造有用价值的社会成员

对比：

- criminal record
  犯罪记录（名词短语）

Pat's Note:
如果觉得 become law-abiding citizens 不好记，我们就用浅显的语言来解释它：become good citizens who obey the law 同样也很好，"高大上"的用词如果记得似是而非就是"矮大紧"了

03 give them harsh punishments

【含义】给他们严厉的惩罚

扩展短语

- are sent to prison 被关进监狱
  （注意 send 的过去分词是 sent）
- serve long sentences
  长时间地服刑
- lose their freedom
  失去自由
- become overcrowded
  （监狱）变得过于拥挤
- lead to resentment
  导致怨恨情绪
- are likely to re-offend
  很有可能会再次犯罪

Pat's Note: serve long sentences 的意思可不是"为长难句服务"☺

词性： overcrowded（过于拥挤的）是形容词

04 address the root causes of crime

【含义】从根本上去解决犯罪问题

说明 这个短语里的 address 不是名词"地址"，而是动词"解决、应对"的意思

扩展短语

- create jobs
  创造就业
- reduce poverty
  减少贫困现象
- increase their employability
  增强他们的就业适应性
- reduce social inequality
  减少社会的不平等现象

05 threaten people's safety

【含义】威胁人们的安全（请注意动词 threaten 和名词 threat 的拼写区别）

Pat's Note：

在英式写作里，人们也常用短语 pose a threat to ... 来替换动词 threaten

【BBC 例句】Their behaviour may pose a threat to other children's safety.

扩展短语

- increase people's fear of crime
  导致人们对犯罪的恐惧感上升

对比：

- protect people's safety
  保护人们的安全
- make communities safer
  让社区变得更安全

- areas with high crime rates
  犯罪高发区（名词短语）

对比：

- install security cameras
  安装安全监控摄像头
- increase police patrols
  强化治安巡逻

06 media violence

【含义】媒体里的暴力内容（名词短语）

扩展短语

- violent images
  暴力的画面
- copy the behavior they see in the media
  模仿他们在媒体里看到的行为
- glorify violence
  （媒体）美化暴力
- are frequently exposed to media violence （青少年）频繁地接触到媒体里面的暴力内容

- develop anti-social behaviour
  形成反社会行为
- youth crime
  青少年犯罪（名词短语）
- cannot easily tell the difference between real life and fantasy 不太会分辨真实生活和幻想之间的区别
- become aggressive 变得有攻击性

说明 anti-social behaviour 是特指故意干扰社会秩序和他人生活的行为，例如：cause damage to public property（破坏公物），drop litter in public places（在公共场所乱扔废弃物），graffiti（涂鸦），noisy late-night parties（持续到深夜的喧闹聚会）和 school bullying（校园欺凌）等

07 Internet crime

【含义】网络犯罪（名词短语）

扩展短语

- computer hackers
  电脑黑客（名词短语）
- spread computer viruses
  传播计算机病毒
- steal personal information
  盗取个人信息
- online fraud
  网络诈骗（名词短语）

说明 online 要写成一个词，它的中间没有空格

- steal username and password information 盗取用户名和密码信息

08 break traffic rules

【含义】违反交通规则

扩展短语

- pay fines
  交罚金
- prevent dangerous driving
  预防危险的驾驶行为
- drive safely
  安全行车
- install red light cameras
  安装交通灯监控摄像头
- install speed cameras
  安装超速监控摄像头
- deter dangerous driving
  震慑危险的驾驶行为

09 involve high risks

【含义】涉及很高的风险（如：太空飞行 space flights、危险运动 dangerous sports 等）

【BBC 例句】Dangerous sports, such as rock climbing and boxing, involve high risks.

involve + 宾语 是指“涉及”某种费用或者风险

- involve high costs 涉及高昂的费用
- involve high risks 涉及很高的风险
- involve many challenges 涉及很多的挑战

短语家族 Phrase Family

10 protect national security

【含义】保卫国家的安全

扩展短语

- wars and conflicts
  战争和冲突
- the armed forces
  军队，武装力量

对比：

- promote peace and understanding 促进和平与理解

- military technology
  军事科技
- military spending
  军费开支

说明 serve in the armed forces 和 serve in the military 都是指“服役”

文化类短语
（包含传统文化、多元文化、国际文化交流、语言、老建筑、艺术、企业文化）

01 protect their heritage

【含义】保护他们的文化传承（注意：heritage 不能用复数）

扩展短语

- form an important part of their heritage 构成他们的文化传承的一个重要部分（form 作动词时是"构成"的意思）
- can better understand their heritage 可以更好地理解他们自己的文化传承

对比：

- feel disconnected from their heritage 感觉与他们自己的文化传承相脱节

- can gain a better understanding of their heritage 可以更好地理解他们自己的文化传承

对比：

- lose their cultural identity （一些国家的人们）失去他们的文化认同感
- erode their cultural identity （全球化、外国文化等）削弱他们的文化认同感

【Telegraph 例句】The use of plants for treating diseases forms an important part of their heritage.

短语家族 Phrase Family

feel disconnected from ... 的意思是"（某类人）感到自己与……相脱节"

- feel disconnected from their heritage （移民、不再说自己母语的人们）感到与自己的文化传承相脱节
- feel disconnected from nature （城市里的人们）感到与大自然相脱节
- feel disconnected from their family 感到和他们的家人缺少沟通

02 customs and traditions

【含义】风俗和传统（名词短语）

扩展短语

- traditional lifestyles
  传统的生活方式
- traditional values
  传统的价值观（说明：value 的复数是“价值观”的意思）
- threaten traditional lifestyles
  对传统的生活方式构成威胁
- moral values
  道德观念（名词短语）
- pose a threat to traditional lifestyles
  对传统的生活方式构成威胁

03 a multicultural society

【含义】一个多元文化的社会（名词短语）

【BBC 例句】The UK is a multicultural society that is made up of a wide range of cultures.

扩展短语

- are more open-minded
  心态更开放，更容易接受差异
- respect cultural differences
  尊重文化差异
- can speak two or more languages
  会说两种或者更多的语言
- have more creative ideas
  更有创意

对比：

- have different values and lifestyles
  有不同的价值观和生活方式

- understand and appreciate cultural differences
  理解并且欣赏文化差异
- are more tolerant of cultural differences
  对待文化差异更宽容

对比：

- lead to misunderstanding
  导致误解

短语家族 Phrase Family

are exposed to＋宾语 是指“接触到某种事物的影响”，这种影响既可以是正面的，也可以是负面的

- are exposed to different cultures　接触到不同的文化
- are exposed to different languages　接触到不同的语言
- are exposed to media violence　接触到媒体里面的暴力内容

04 promote peace and understanding

【含义】（国际交流、奥运会等）促进和平与理解

扩展短语

- promote international cooperation
  促进国际合作
- build understanding and trust
  建设相互理解和信任
- improve international relations
  改善国际关系

对比：

- damage relations between countries　破坏国家之间的关系

- work together to address global problems
  合作解决影响全球的问题
- transcend national borders
  （国际合作、环境问题等）超出了国家之间的边界
- draw on other countries' experience
  借鉴其他国家的经验

说明 在地道英文里，当讨论国家之间关系的时候常会用 relations

雅思作文里常考的6个全球问题（global problems）

- global warming　全球变暖
- air and water pollution　空气和水污染
- poverty　贫困
- overpopulation　人口过多
- population ageing　人口老龄化
- the increasing demand for energy　对于能源日益增长的需求

05 cultural globalisation

【含义】文化的全球化（名词短语）

扩展短语

- multinational companies / multinational corporations 跨国公司
- international trade 国际贸易
- share the same fashions and brands
  分享相同的时尚和品牌
- watch the same films and television programmes
  看同样的电影和电视节目
- spread their own culture
  传播自己的文化
- damage other cultures
  破坏其他的文化
- multinational media companies
  跨国传媒公司
- satellite television
  卫星电视
- lead similar lifestyles
  （不同国家的人们）过着很相似的生活
- weaken other cultures
  弱化其他的文化
- reduce cultural diversity
  减少文化的多样性

06 the expansion of English

【含义】英语的扩张（名词短语）

词性： expand 是动词，expansion 是名词

扩展短语

- a global language
  一种全球通用的语言
- make communication and cooperation easier
  让沟通与合作变得更加容易
- international business 国际商务

对比：

- make communication and cooperation difficult
  让沟通与合作变得困难
- is widely used around the world
  在全世界范围内被广泛地使用
- international conferences
  大型国际会议

对比：

- language barrier 交流当中的语言障碍（“消除语言障碍”：remove the language barrier）
- lead to misunderstanding 导致误解

短语家族 Phrase Family

- the expansion of multinational companies 跨国公司的扩张
- the expansion of the Internet 互联网的扩张
- the expansion of cities 城市的扩张

07 an endangered language

【含义】一种濒危的语言（名词短语）

扩展短语

- is only spoken by a small number of people
  只有很少的人说这种语言
- feel isolated
  （说这种语言的人们）感到孤立

对比：

- the dominant language
  主流语言，"强势语言"
- job opportunities 就业机会
- more entertainment choices
  更多的娱乐选择
- make more friends 结识更多的朋友

08 introduce laws to protect historic buildings

【含义】通过立法来保护具有历史意义的建筑

扩展短语

- historic sites
  历史遗迹
- form an important part of our heritage 构成我们文化传承的一个重要部分
- attract many tourists
  吸引很多的游客
- famous landmarks
  著名的标志性建筑
- give character to a city
  赋予一座城市鲜明的特色
- make cities more interesting and attractive
  让城市更有趣、更具有吸引力

对比：

- lack character
  （现代建筑）缺乏鲜明的特色

Pat's Note:

give character to a city 这个短语里的 character 不是指人的性格，而是指鲜明的特色

【Guardian 例句】 They can give character（鲜明的特色）to a city, a town or a neighbourhood（居民区）.

- improve the appearance of a city 美化一个城市的外观
- improve the appearance of a building 美化一栋建筑的外观
- improve the appearance of streets 美化街道的景观

短语家族 Phrase Family

09 adapt old buildings to meet modern needs

【含义】让老房子适应现代生活的需要

扩展短语

- update the equipment
  对设备进行更新
- make them safe
  让它们变得安全
- make space for new buildings
  为新建筑让出空间
- renovate old buildings
  对老房子进行翻新
- remodel old buildings
  对老房子进行改造

对比：

- demolish old buildings
  拆毁老房子

10 works of art

【含义】艺术品，尤其常指绘画（paintings）、雕塑（sculptures）等视觉艺术品

说明 它的单数形式是 a work of art

扩展短语

- bring art into people's everyday life
  把艺术带入人们的日常生活里
- enrich the local culture
  丰富当地的文化

扩展短语

- public art 公共艺术
- broaden their minds 开阔他们的思维
- attract many tourists 吸引很多游客
- the art industry 艺术产业
- create jobs 创造就业
- contribute to the economy 为经济做贡献
- broaden their interests 扩展他们的兴趣爱好
- promote art appreciation 促进人们对于艺术的欣赏
- reduce stress and anxiety 减轻压力和焦虑
- express their feelings creatively 用具有创意的形式来表达他们的感受

【经济学人例句】Many works of art displayed in public spaces（在公共场所陈列的艺术品）are funded by governments.

11 build a positive company culture / build a positive corporate culture

【含义】建设积极的企业文化

扩展短语

- increase job satisfaction 提高员工的工作满意度
- provide a friendly working environment 提供一个友好的工作环境
- are treated fairly （员工们）受到公平的对待
- achieve a good work-life balance 在工作和生活之间实现良好的平衡
- achieve their potential 充分发挥出他们的潜力
- feel respected and valued 感觉受到了尊重和重视
- have equal opportunities for promotion and training （员工们）享有平等的升职和培训机会
- are rewarded for hard work （员工们）辛勤的工作获得回报
- earn high salaries 挣高工资
- increase employees' loyalty to the company 提高员工们对于公司的忠诚度

乐趣类短语

（包含休闲活动、虚拟世界、学习与工作的乐趣、探索与发现）

01 is a good leisure activity

【含义】是一种很好的休闲活动

【Guardian 例句】Reading is a good leisure activity.

扩展短语

- play video games 打电子游戏
- play mobile games 玩手机游戏
- browse the Internet 上网
- watch television 看电视
- play outdoor sports 从事户外运动
- is a good way to relax 是一种很好的放松方式
- is a good way to reduce stress and anxiety 是一种很好的减轻压力和焦虑的方式
- educational games 益智游戏，例如：online maths games 和 on-line language games 等
- play team games 玩团队游戏
- satellite television 卫星电视
- provide a wide range of channels 提供多种多样的频道

Pat's Note：

browse the Internet 和 surf the Internet 都是很地道的英文，但在中国同学们的作文里 browse the Internet 却是“稀客”

拼写： 牢记 satellite 里面是两个 l（有点像两根竖起来的电视天线，当然咱们现在已经都用 cable television 了）

英语文化里的 3 类娱乐

- passive entertainment 被动型娱乐，例如看电视和看电影，因为它们通常不需要很多的思考（do not require much thought），像 Sherlock 那样的 TV series 毕竟是少数

- active entertainment　主动型的娱乐，例如读书、下棋等，因为它们需要人们很积极地思考（think actively），或者积极地参与（play active roles）
- interactive entertainment　涉及到竞争（competition）或者合作（cooperation）的主动型娱乐在英语国家里常被称为互动型娱乐，例如：网络游戏（online games）

词性： interact（with）是动词的“互动”，interaction 是名词的“互动”，interactive 是形容词“有互动性的”

短语家族 Phrase Family

- is an important source of fun and enjoyment
  （看电视、玩手机、听音乐等）是趣味和乐趣的重要来源之一
- is an important source of information
  （互联网、新闻节目等）是一种重要的信息来源
- is an important source of energy
  （阳光、风等）是一种重要的能源

02 are fun and enjoyable

【含义】是有趣而且令人愉快的

【BBC 例句】This museum provides a wide range of fun and enjoyable activities.

- are educational and fun
  既有知识性又很有趣的，“寓教于乐的”
- are educational and entertaining　既有知识性又有娱乐性的

说明 entertaining 是 entertainment 的形容词，指娱乐性很强的，比如：“新天龙八部”里乔峰玩滑板的画面和足球神剧里包公手捧“大力神杯”的镜头

对比：

- are boring and unhelpful　是枯燥而且毫无帮助的

encourage + 想象力、创造力或者兴趣 是指（某种活动）"激发"想象力、创造力或者兴趣

- encourage imagination 激发想象力
- encourage creativity 激发创造力
- encourage their interest in ... 激发他们对于某事物的兴趣

【BBC 例句】The game encourages children's imagination and creativity

短语家族 Phrase Family

03 in a virtual world

【含义】在一个虚拟的世界里

扩展短语

- meet new people 认识新的人（地道英文里 new people 就是指新认识的人）
- make more friends 结交更多的朋友
- make friends online 在网上交友
- form close friendships 形成亲密的友谊（form 作动词时是"形成"的意思）
- share ideas and interests with their friends 与朋友们分享想法和兴趣爱好

对比：

- rely too much on the Internet 过度地依赖互联网
- feel lonely in real life 在真实的生活里感到很孤独

- virtual friends 只在网络世界里交流的朋友
- social networking websites 社交网站，例如 Facebook
- video sharing websites 视频共享网站，例如 YouTube
- photo sharing websites 照片共享网站，例如 Instagram
- interact with their friends online 在网络上与朋友们交流互动
- take part in online discussions 参加网络上的讨论

对比：

- reduce face-to-face interaction 减少面对面的交流
- cause social isolation 导致脱离社会的生活方式

Pat's Note:

“下载”是 download，那“上传”应该怎么写?当然是 upload，例如：upload photos，upload videos

短语家族 Phrase Family

interact with + **某类人** 的意思是“和某类人进行交流互动”

- interact with their friends on the Internet
  在互联网上和朋友们交流互动
- interact with their classmates 和他们的同学交流互动
- interact with local people （游客们）和当地的人们交流互动

04 use online resources

【含义】利用网络资源

扩展短语

- search engine
  搜索引擎（名词短语）
- find information quickly and easily
  快速、轻松地找到信息
- have access to more information
  可以使用更多的信息
- provide more entertainment choices
  提供更多的娱乐选择
- is a good educational tool
  是一种很好的教学工具

05 online shopping

【含义】网络购物（名词短语）

扩展短语

- online shops
  网络商店，“网店”
- buy things at lower prices
  以更低的价格购物
- can easily compare prices
  可以很轻松地比较价格
- read customer reviews
  查看用户评语

- save time and energy
  节省时间和精力

对比：

- traditional shops / physical shops
  传统的实体商店，"实体店"
- try on clothes　试穿服装

- save money on transport costs
  节约交通费用

对比：

- provide more interesting shopping experiences
  提供更有趣的购物体验

⚠ customer review 是地道英文里的一个习惯用语，不要写所有格 's

06 are portable and easy to use

【含义】（手机等）便于携带且便于使用的

说明 如果觉得 portable（便携的）不好记，也可以用浅显的语言解释它：are easy to carry and use 同样也是地道的英文

扩展短语

- save space　节省空间
- take up less space
  占用的空间更小

- are thin and light
  很薄而且很轻的

07 keep in touch with family and friends

【含义】与亲友们保持联络

扩展短语

- mobile games
  手机游戏
- rely too much on mobile phones
  过度依赖于手机

- can get help quickly in an emergency
  遇到紧急情况时可以迅速获得帮助
- mobile phone radiation
  手机辐射（名词短语）

08 advertising campaigns

【含义】大规模的广告宣传活动（名词短语）

扩展短语

- are creative and entertaining
  有创意的而且娱乐性很强的
- make products more attractive
  让产品更有吸引力
- have famous people in them / have celebrities in them
  （广告）有名人在里面出现
- build consumer loyalty
  建立消费者对于品牌的忠诚度

09 keep them motivated

【含义】保持他们的（工作或者学习）动力

扩展短语

- career path
  事业的发展方向
- feel rewarded
  感到自己所做的事情很有回报
- choose career paths that really interest them　选择让他们真正感兴趣的事业发展方向

对比：

- feel frustrated
  感到挫败感，感到很失落

词性：discover 是“发现”的动词，discovery 是“发现”的名词

10 feel bored and unmotivated

【含义】（学生、员工等）感到无聊而且缺乏动力

扩展短语

- fall into a routine
  陷入按部就班的常规里
- become less interesting
  变得没那么有趣了
- repetitive tasks
  重复的、乏味的任务（名词短语）

词性： repeat 是“重复”的动词，repetition 是“重复”的名词，repetitive 是形容词“重复性的”

11 is an enjoyable and memorable experience

【含义】（旅行、参观博物馆等）是令人愉快而且值得回忆的经历

扩展短语

- is fun and enjoyable
  是有趣而且令人愉快的
- is an exciting and memorable experience
  是令人兴奋而且值得回忆的经历

细节： experience 表示“经历”的时候是可数的，表示“经验”的时候是不可数的

【BBC 例句】Some junior doctors lack practical experience（缺少实践经验）.

12 explore the local culture

【含义】探索当地的文化

扩展短语

- tourist attractions
  旅游景点
- broaden their knowledge and experience 扩展他们的知识和体验
- gain a better understanding of the local culture
  获得对于当地文化更深入的了解
- respect the local culture
  尊重当地的文化
- appreciate the local culture
  欣赏当地的文化
- historical attractions 历史景点
- cultural attractions 文化景点

说明 这几个短语里的 attractions 都是指“景点”

- expand their minds
  开阔他们的思维
- experience different customs and traditions 体验不同的风俗和传统
- satisfy their curiosity about the local culture
  满足他们对于当地文化的好奇心

反义：

- lead to misunderstanding
  导致误解

- interact with local people
  和当地人交流互动

explore + 宾语 意思是“探索……”

- explore different cultures 探索不同的文化
- explore space 探索太空
- explore other planets 探索其它的行星
- explore their own potential 探索他们自身的潜力

短语家族 Phrase Family

* * *

在中国同学们的作文里，与考题并没有直接相关性的空话、套话和数量惊人的难词、怪词经常让 Pat 有“无力吐槽”的感觉。

我们今天学习的针对各类高频理由的实用短语（natural phrases）都是解决雅思作文论证“假、大、空”问题的良药。但只要背一个短语，你就必须把它记熟、记准，否则就只能是心理安慰而已。

（请记得及时完成《作业本》Day 7 里的练习）

Mission Statement

— 四类高分范文

— 明展与暗展

Day 8

真实的高分范文
——比你想象的简单

The Undoing of Templates

Clarity is the most important element of a good essay.

— *Pat*

刚回中国从事 IELTS 教学的时候，我不知道什么叫“模板”。如果您想了解 Pat 的“正常文风”，不妨读一下本书前面的自序、本书高分卷和本书姐妹篇《IELTS 写作完整真题库与范文全解》。

学校安排我听前辈教师们的课，我人生里第一次听说原来作文还有“模板”这个说法。前辈们说：“英文的模板叫作 model。”说实话，我不认同这种说法：所谓 model，应该是 very desirable（人见人爱的）的，就像 Katy Perry 或者 Gwen Stefani 那样，怎么竟会只是一堆毫无生命力的枯燥词汇呢？

我对模板的理解是：它的正确英文应该叫 template，其实就是一个逻辑框架，帮助在写作文时“路盲”或者“路痴”的同学找到方向。平心而论，一部分中国考生的英语基础确实非常薄弱，如果教师不给他们设计出逻辑框架，他们 / 她们是无法按时完成作文的。

模板绝不是通向写作成功的最佳路径。如果忽视行文逻辑和展开论证过程，只靠套模板来拿分数，是靠不住的。

模板的作用被夸大甚至被神话，与中国考生们一直把雅思作文想象成“高大上”、忽视由 Cambridge English Language Assessment 提供的真实高分范文有直接关系。真正由剑桥官方认可的高分范文其实是浅显易懂、朴实无华的，而不是像某些“山寨”范文那样靠卖弄难词、故弄玄虚去博取学生的“仰视”和“膜拜”。

请您带着以下这 6 方面的问题，认真学习今天的每一篇范文：

学习每一篇范文时你都应该追问自己的 6 类问题

1 本文是否真正有效地回应了题目里提出的问题？

回答问题。

2 本文是开头“振聋发聩”、结尾“催人深省”，还是开头、结尾都清晰易懂、简洁明快？

3 本文的每个主体段里各含有几个分论点（reasons）？在每一个分论点的后面分别写出了几句展开支持句（supporting sentences）？

4 本文的行文是否流畅？写展开支持句的衔接方式是“明展”还是“暗展”？如果是明展，那么用的是“高大冷”的生僻连接词还是“接地气”的平实连接词？如果是暗展，那么用的是指示代词、人称代词还是物主代词？

5 本文是“难词泛滥”，还是多数词汇很平实、只使用了少量的加分词汇?本文里的用词给你印象最深的是单词（individual words）还是短语（phrases）?

6 本文是“长难句扎堆儿”，还是根据论证的实际需要来选择使用简单句、并列句以及并不是很难的复杂句?

剑桥官方提供的 Agree or Disagree 型 7.5 分范文

[题　　目] *Some people think the high sales of products reflect the power of advertising instead of the consumers' demand. To what extent do you agree or disagree with this opinion?* 一些人认为产品的高销售量体现的是广告的宣传作用，而不是消费者们的需求。在多大程度上你同意或者不同意这种观点?

题目分析:

本题是 agree or disagree “同不同意”型的 Argument。这道题属于绝对要用折中式写的题，如果非要说产品卖得好只是因为广告的作用，或者非要说产品卖得好只是因为消费者有需求，明显都是从秦国穿越过来的，并不符合当代社会的现实。

思路开阔的同学可以直接思考理由。广告对产品的销售有作用是因为有明星，有娱乐性，而且可以广泛传播、形成趋势从而影响消费者。但同时，消费者还是有选择权的，毕竟每个人的收入不同，每个人的消费习惯也并不一样。消费者们买东西时自己的选择还是很多的，怎么会只受广告影响呢?

对于思路不够开阔、看到题目之后总是“思维短路”的同学，也可以用我们在 Day 7 里学过的 10 类高频理由和它们对应的短语来提示自己，快速解决主体段里的分论点（reasons）:

第一步：初步判断你手里的题目可能与 10 类高频理由里的哪几类理由有关系。对于这道题，初步“目测”它可能会和效率、责任、财务、文化、乐趣这几类理由有关，而和技能、权利、环境、健康、安全这几类理由的关系应该比较远，或者根本没关系。

第二步：集中回忆 Day 7 里与本题有关的几类理由所对应的急救短语和扩展短语。例如：效率类短语 boost the sales of products（提高产品的销量），encourage people to buy things（鼓励人们去购物），are influenced by trends（受到潮流趋势的影响）等可以用来写广告的作用，而 have different incomes（有不同的收入），have different budgets（有着不同的购物预算），have different spending habits（有着不同的消费习惯）等则可以用来写消费者的自身需求也是有影响的。责任类短语 provide reliable information（提供可靠的信息）可以论证广告的作用。财务类和文化类短语 consumer culture（崇尚消费的文化），buy things on impulse（冲动地购物）等也都可以用。乐趣类短语 advertising campaign（大规模的广告系列宣传活动），are creative and entertaining（有创意而且也很有娱乐性），have famous people in them（有名人扮演角色），make products more attractive（让产品更吸引人）等也都可以作为广告有作用一方的理由。

而且，雅思作文属于 short essays，由剑桥大学出版的《剑 4》~《剑 11》和 *The Official Cambridge Guide to IELTS*（雅思考试官方指南）里的真实官方高分范文多数只有 260 ~290 words。对于这么短的 essay 来说，实际写作时并不需要回忆出这么多的短语。对每道考题只要能够想出 3 ~5 条短语，就已经有足够多的分论点（reasons）了，再用平常心把它们各自的展开支持句写出来就很好了。

Tip **提高作文可读性的秘诀：**

牢记只写基本的生活常识（common sense），绝不要去追求所谓高深的“哲理”。语言应该清晰易懂，避免堆砌“亮点”的错误倾向，每句话都是包袱的相声只会让听众听不懂。写句子时坚持“平实、易懂、不长也不难”的原则。珍惜生命，远离长难句。

好，咱们现在就一起来看看由剑桥官方提供的一篇真实 7.5 分考生作文到底是怎样写的：

There are many advertisements on television or on the streets today. Some people think that the advertising boosts the sales of products and it encourages people to buy things unnecessarily. This arguments may be true.

In my country, many advertising companies produce advertisements with famous and popular actors or singers. People, especially youngsters, buy goods that their favourite singers advertise, although they do not really need the products. Also, on the television screen, a product may look more attractive. As a result, people often buy goods without enough consideration. Consumers may not actually need it but they buy goods on impulse soon after they watch the advertising. Furthermore, as an advertising campaign can make many customers buy a particular product, other people may be affected by the trend, even if the product is not of the real needs of society.

On the other hand, there are various aspects against these arguments. It is people's choice to make a decision to buy goods. Advertising may not be a cause of consumers' buying habits. Individuals have their own spending habits. If they have got enough income, then the right to make a decision is given to them. No one actually can judge whether the goods sold are the real needs of society or not. In addition, as there should be a limited amount of income consumers are able to spend, people try to allocate their budgets. They cannot be easily influenced by these advertisements.

In conclusion, as consumers have their own standard of good quality goods, it is better to leave them to make their own decision in buying goods. It is fairly difficult to say everyone is easily influenced by advertising. However, in some areas of business such as the toy industry, if may be necessary to ban advertising to children as children do not have enough ability to control themselves or to Know what they need.

逐句分析

There are many advertisements on television or on the streets today.（这当然是介绍背景）Some people think that the advertising boosts the sales of products and it encourages people to buy things unnecessarily.（明显地改写原题观点）This arguments may be true.（提出自己的看法，剑桥官方给出的7.5分范文是高分作文，但并不是“完美作文”。在这句话里存在着错误，你是否已经看出来了？作业本里有提出自己看法的各种不同写法）

In my country, many advertising companies produce advertisements with famous and popular actors or singers.（这是本段的分论点1，即 reason 1，说有明星打广告）People, especially youngsters, buy goods that their favourite singers advertise, although they do not really need the products.（这是分论点1的展开支持句：人们、特别是青少年们喜欢购买明星推销的产品，尽管这些产品

未必真的符合他们自己的需要）Also, on the television screen, a product may look more attractive.（本段的分论点2，即reason 2：广告还能让产品看起来更吸引人）As a result, people often buy goods without enough consideration. Consumers may not actually need it but they buy goods on impulse soon after they watch the advertising.（这名7.5分考生对分论点2写了两句展开支持句，但两句话的意思接近，都是说明人们在看到广告之后很容易冲动地购买自己并不一定需要的东西。理由很浅显，但确实都是紧紧围绕着分论点来写的）Furthermore, as an advertising campaign can make many customers buy a particular product, other people may be affected by the trend, even if the product is not of the real needs of society.（本段里的分论点3 + 展开支持：大规模的广告系列宣传活动会让很多消费者购买同一产品，从而形成趋势，影响别的消费者去购买自己未必真正需要的产品）※

On the other hand, there are various aspects against these arguments.（另一方面，消费者也有选择权登场了。但这句话的后半句有套模板之嫌，其实直接写On the other hand, consumers are not controlled by advertising. 就既简洁又摆脱了模板的空洞感。所谓模板，就是不直接针对题目的具体话题、对任何话题都能套进去的"中性装"。雅思作文对语言的要求真心不难，能自己写时就应该勇于自己去写，只要别"玩儿深沉"就不会有问题）It is people's choice to make a decision to buy goods.（本段的分论点1，即reason 1）Advertising may not be a cause of consumers' buying habits. Individuals have their own spending habits. If they have got enough income, then the right to make a decision is given to them. No one can actually judge whether the goods sold are the real needs of society or not.（分论点1比较抽象，所以这名7.5分考生通过问自己What does this mean?，对分论点1一口气连飙了四句展开支持句来对它进行浅显化的解释。但认真把它们读N遍，您会发现这四句展开论证几乎是完全一样的意思，只要把Day 6的常用展开方法练习熟，展开支持句就亮了。而且实际上没必要这么唠叨，本文长达316 words，如果适当精简、控制在300词以内其实可读性会更好）

※ 在真实的剑桥官方范文里，引出主体段里面的第2个或者第3个分论点（reason）用得较多的连接词是Also，和Furthermore，有时也会用到Another benefit / advantage of … is … 这个句式，偶尔会用到Secondly或Thirdly。但必须注意：剑桥官方范文里**极少**使用国内同学们特别偏爱的moreover。这是因为：moreover的语气非常正式，在英美大学里它只适用于很正式的论文，但在雅思作文这样的小essays里却容易显得呆板。所以，在雅思作文里moreover只能作为无奈的备选，而不应该成为你的最爱，雅思口语考官们听到moreover更是"格杀勿论"，切记

In addition, as there should be a limited amount of income consumers are able to spend, people try to allocate their money.（本段里的分论点2，即 reason 2，指出消费者的收入其实是有限的，所以他们会对资金进行分配）They cannot be easily influenced by these advertisements.（对分论点2的展开支持：他们并不会简单地因为受到广告的影响就去购物）

In conclusion, as consumers have their own standard of good quality goods, it is better to leave them to make their own decision in buying goods.（结论这句仍然在近乎重复地说话，让人想起 TVB 体的"写作文呢，重要的就是要开心"）It is fairly difficult to say everyone is easily influenced by advertising. However, in some areas of business such as the toy industry, if（这个 if 显然是对 it 的误拼。雅思考场是什么地方？就是能把7.5分水平的学生急得把 it 错写成 if 的地方）may be necessary to ban advertising to children because children do not have enough ability to control themselves or to Know what they need.（最后一句提出应该严格控制针对儿童的广告，know 还犯了句中大写的错误，神迹……）

本文结构分析

这是一篇典型的剑桥官方 agree or disagree 型考题范文。这名考生采用了折中式写法，对广告的作用和消费者们自己的选择权都进行了论述。开头段使用极为浅显的语言改写了原题并直接提出自己的看法，丝毫也没有"炫技表演"。主体段里的每个分论点都非常清晰、明确，而且在每个分论点之后都有平实、易懂、不长也不难的展开支持句，有理、有据地论证了该考生对题目里给出的那种观点的态度。所以，虽然本文里存在着一些由于临场紧张而导致的小错（例如：在 this 后面接名词复数 arguments 这样的基础错误），但瑕不掩瑜，这名考生仍然夺取了7.5分的写作高分。

中国考生写 agree or disagree（"同不同意"）型作文时的最常见结构错误就是：把"同不同意型"作文错误地写成 Some people think that… Others think that …的结构。事实上，在真实的 agree or disagree 型作文考题里永远只会给你一种观点，要求你提出并且论证**你自己**对于这种观点的看法。**所以，在同不同意型的作文里绝不能出现离题的"Other people think …"，否则将100%被判跑题**（off-topic）。

本文里出现的Day 7地道短语：

- boost the sales of products
  提高产品的销量
- encourage people to buy things
  鼓励人们去购物
- make products more attractive
  让产品更吸引人
- advertising campaign
  大规模的广告系列宣传活动（名词短语）
- buy things on impulse
  冲动地购物
- are affected by trends
  受到潮流趋势的影响
- have different incomes
  有着不同的收入
- have different spending habits
  有着不同的消费习惯
- allocate the money
  对资金进行分配
- are easily influenced by advertising
  很容易受到广告宣传的影响

本文主体段里用到的衔接手段

（如果您已经不记得这些连接词和代词的用法，请及时复习 Day 6）

- **连接词：**
  although（尽管，让步关系），As a result，（因此，因果关系），as（由于，因果关系），even if（即使，让步关系），If ..., then ...（假设关系）
- **代词：**
  they（人称代词主格），them（人称代词宾格），their（物主代词）

本文里用到的很容易被中国同学们"遗忘"的基础句式

【简单句实例】
Individuals（个人）have their own spending habits.

【宾语从句实例】
Children do not have enough ability to control themselves or to know what they need.

【定语从句实例】
People, especially youngsters, buy goods that their favourite singers advertise.

本文的逻辑、用词和句式一点也不“深刻”，但这就是真实的剑桥官方 7.5 分范文。

有人可能会说：“不服不服！这个只是 7.5 分的作文，分数更高的作文一定是充满高深的用词和哲思，让我们的敬意如滔滔江水……”

Fair enough. 那我们就一起来看一篇 9 分范文。

D & G (Discuss both views and give your own opinion.)型的 Band－9 essay

[题　　目] *People have different job expectations for jobs. Some people prefer to do the same job for the same company, while others prefer to change jobs frequently. Discuss both these views and give your own opinion.* 人们对工作有着不同的期望。一些人更喜欢在同一个公司里从事相同的工作，而另一些人则喜欢频繁地换工作。讨论这两种观点并且给出你自己的看法。

题目分析：

本题是典型的要求讨论两种观点并且给出自己看法的 D & G 型考题。

虽然不少烤鸭还是在校生，但应该不难想象一直做相同工作的好处是：① 工作的稳定性，② 更能让老板认可自己的“忠心”并且获得相应的回报。而经常换工作的好处则是：① 更多样的经验和技能，②更多的工作乐趣。

我们在 Day 7 里学习的实用短语也能为这道考题贡献出很多理由。先初步判断本题有可能与技能、效率、责任、健康（心理健康）、财务、乐趣这六类理由相关。然后顺藤摸瓜，集中回忆这几类理由所对应的短语就能得到很多相关理由了，例如：have job security（有工作稳定性），have a steady source of income（有稳定的收入来源），are more reliable（更可靠），loyalty to the company（员工对公司的忠诚度），is well rewarded（得到良好的回报），have more opportunities for promotion（有更多的升职机会），feel into a routine（陷入循规蹈矩的常规里），feel bored and unmotivated（感到乏味并且缺乏动力），increase their employability（提高他们的就业适应性），gain new skills（获得新的技能），meet new people（结识与以往不同的人），are more confident and well-rounded（更自信而且能力更加全面）等等。

我们来仔细看看这篇 D & G 型的范文。

Today, many workers change jobs frequently. Some people think that changing jobs frequently leads to more opportunities, while others believe that staying in the same job is a better choice.

One of the main benefits of staying in one job is job security. Changing jobs often means that one may have to think about moving house, or temporarily losing a steady source of income. Staying in one job means that these problems can be avoided. Another benefit of not changing jobs is that one is able to gain more experience in his or her profession, which increases job security. Their company may also reward their loyalty and service. By contrast, those who often change jobs may be seen as unreliable and employers may not want to hire and invest money in training them.

However, there are also arguments in favour of changing jobs frequently. One advantage is that workers can increase their employability. Working in several different jobs often means that the individuals have more skills. These people are seen as more confident and well-rounded. Another benefit of changing jobs frequently is that one never falls into a routine. People may feel bored and unmotivated when they stay too long in the same job. Following this, the quality of their work would suffer. Also, increased salaries and promotion are often easier to achieve by changing jobs.

The disadvantages of changing jobs frequently are the advantages of staying with one company. In my opinion, I feel that changing jobs every once in a while is of more benefit.

逐句分析

Today, many workers change jobs frequently.（用很浅显的语言介绍背景）Some people think that changing jobs frequently leads to more opportunities, while others believe that staying in the same job is a better choice.（转述原题里的两种观点）

说明 D & G 型作文在开头段的结束处写出自己的倾向性其实也是可行的，不过剑桥官方的 D & G 型范文多数并没有在开头段给出自己的看法，而是把自己的看法留到结尾段里再给出。这与agree or disagree 型的官方范文全都是在开头段就明确给出自己的看法稍有区别。更多的 D & G 型剑桥官方范文请看：《剑 9》p. 167 的 D & G 型考官范文（题目在《剑 9》p. 77）和《剑 8》p. 173 的 D & G 型考官范文（题目在《剑 8》p. 129）

One of the main benefits of staying in one job is job security.（认为持续做同一份工作好的分论点 1：工作的稳定性）Changing jobs often means that one may have to think about moving house, or temporarily losing a steady source of income. Staying in one job means that these problems can be avoided.（分论点 1 的两句展开支持句：换工作意味着搬家和暂时失去稳定的收入来源，而做同一份工作则避免了这些问题）Another benefit of not changing jobs is that one is able to gain more experience in his or her profession, which increases job security.（本段里的分论点 2：长期做同一份工作有助于员工在自己的专业领域里积累更多的工作经验）Their company may also reward their loyalty and service. By contrast, those who often change jobs may be seen as unreliable and employers may not want to hire and invest money in training them.（分论点 2 的两个展开支持句：通过 By contrast，把从一而终的员工因为忠诚而受到公司的嘉奖和频繁跳槽的员工有可能会被视为不可靠这两种明显不同的待遇进行了对比）

However, there are also arguments in favour of changing jobs frequently.（既然是 D & G 型考题，那么本段当然就是要讨论经常换工作一方的观点了）One advantage is that workers can increase their employability.（本段的分论点 1：可以提高他们的就业适应性）Working in several different jobs often means that the individuals have more skills. These people are seen as more confident and well-rounded.（分论点 1 的两个展开支持句：频繁换工作的人们常被视为更自信、而且能力也更全面）Another benefit of changing jobs frequently is that one never falls into a routine.（这一段的分论点 2：经常跳槽还可以避免陷入循规蹈矩的惯例当中）People may feel bored and unmotivated when they stay too long in the same job. Following this, the quality of their work would suffer.（分论点 2 的两个支持句：长期从事同一份工作可能会让人感到乏味而且缺少动力，影响工作质量）Also, increased salaries and promotion are often easier to achieve by changing jobs.（本段的分论点 3：换工作也往往会带来更高的工资和职位）

The disadvantages of changing jobs frequently are the advantages of staying with one company. In my opinion, I feel that changing jobs every once in a while is of more benefit.（在结尾段里很简练地提出自己的看法）

本文结构分析

这是一篇典型的 D & G 型考题范文。本文在开头段简明地转述了题目里的两种观点，用词非常浅显。主体段对题目里面的两种观点分别给出了分论点，并且对各分论点写出了符合生活常理（common sense）、平实易懂的展开支持句。结尾段提出了自己的看法，完全符合 D & G 型考题"Discuss both views and give your own opinion."的题目要求

本文里出现的Day 7地道短语：

- have job security
  拥有工作的稳定性
- a steady source of income
  （名词短语）一个稳定的收入来源
- gain experience　获取经验
- are unreliable
  不可靠的，不值得信赖的
- increase their employability
  提高他们的就业适应性
- are well-rounded
  才能很全面的，全面发展的
- fall into a routine
  陷入到循规蹈矩的惯例当中
- are bored and unmotivated
  感到乏味而且缺乏动力
- opportunities for promotion
  （名词短语）升职的机会

本文主体段里用到的衔接手段

（如果您已经不记得这些连接词和代词的用法，请及时复习 Day 6）

- **连接词：**
  while（而，构成同一个句子里面从句和主句的对比关系），By contrast，（与之形成鲜明对比的是，构成前后两个句子之间的跨句对比关系）
- **代词：**
  they（人称代词主格），them（人称代词宾格），their（物主代词），this（指示代词），these（指示代词）

本文里用到的很容易被中国同学们"遗忘"的基础句式

【简单句实例】
（1）Their company may also reward their loyalty and service.
（2）These people are seen as more confident and well-rounded.

【宾语从句实例】
Working in several different jobs often means that the individuals have more skills.

【定语从句实例】
Those who often change jobs may be seen as unreliable.

剑桥提供的比较利弊型（advantages and disadvantages）满分范文

[题　　目] *In some countries young people are encouraged to work or travel for a year between finishing high school and starting university studies. Discuss the advantages and disadvantages for young people who decide to do this.* 在一些国家里，年轻人被鼓励在高中毕业之后、开始大学学业之前去工作或者旅行一年。讨论这样做对年轻人的利与弊。

题目分析:

这道真题是典型的比较利弊（advantages and disadvantages）型 Argument。

本题的素材并不难想：很明显，上大学之前去旅行或者工作一年是有好处的，比如可以开阔眼界，而且增强年轻人的独立性。但先去旅行或者工作也显然有坏处，比如可能有些学生会觉得工作有成就感还能挣到收入，或者旅行时间太久“玩儿懒了”，就不想再回去上学了。

Day 7 里面的实用短语也可以提供很多用来写这道考题的理由。例如：gain practical experience（获得实践经验），improve their social skills（增强他们的社会交往能力），develop their foreign language skills（发展他们的外语技能），become more independent（变得更加独立）等都能为写好 advantages 提供思路。而 earn more money（继续挣更多的钱），feel bored and unmotivated（重回校园之后感到乏味而且缺少动力）等则可以为写 disadvantages 提供扣题的理由。

素材已有，我们期待着又一次的深度“阿狗”（Argument）之旅。Let's take a closer look.

It is quite common these days for young people in many countries to have a break from studying after graduating from high school. The trend is not restricted to rich students who have the money to travel, but is also clear among poorer students who choose to work for a year.

The reasons for this trend may include that a young adult who goes directly from school to university is restricted in general knowledge and experience of the world. By contrast, those who have spent some time earning a living or travelling have a broader view of life. They are more independent, which is a very important factor in academic study and research. This also gives them an advantage in meeting the challenges of student life.

However, there are certainly dangers in taking time off at that important age. Young adults may never return to their studies or find it difficult to readapt to an academic environment. They may think that it is better to continue in a job, or to do something different from a university course. But overall, I think this is less likely today, when academic qualifications are essential for a successful career.

My view is that young people should be encouraged to broaden their knowledge and experience of the world. That is the best way for them to get a clear perspective of what they hope to do with their lives. Students with such a perspective are the most motivated ones and taking a year off may be the best way to gain this.

逐句分析

It is quite common these days for young people in many countries to have a break from studying after graduating from high school.（对比题目，您就会发现这句话是改写了题目里的背景，而且用词要比题目更浅显）The trend is not restricted to rich students who have the money to travel, but is also clear among poorer students who choose to work for a year. （讲明年轻人高中毕业之后的break包括有钱的学生去旅行和没钱的学生去打工）

The reasons for this trend may include that a young adult who goes directly from school to university is restricted in general knowledge and experience of the world. By contrast, those who have spent some time earning a living or travelling have a broader view of life. They are more independent, which is a very important factor in academic study and research. This also gives them an advantage in meeting the challenges of student life.

这段话写高中毕业之后、上大学之前先去旅行或者工作一年的好处（advantages）。考官在本段里给出了两个分论点：❶可以开阔年轻人的眼界；❷让年轻人更独立、更好地适应大学生活的挑战。值得注意的是：本段里的第一句话是讲如果不去工作或者旅行、直接从高中进大学就会让眼界受到限制，第二句话是讲如果去工作或旅行就会让眼界变得更宽阔。这两句话的逻辑是"负负为正"的关系，严格地说有一句其实是多余的废话。IELTS 作文真心并不是像 GRE 作文那样严格的逻辑思维能力测试，只要能写出一些扣题的生活常理（common sense），而且认认真真把句子写清楚、写通顺，就已经可以达到 IELTS 作文的要求了。很多中国同学写雅思作文的误区就是理由（reasons）太高深、展开论证（supporting sentences）太曲折、用词（words and phrases）太"神奇"。

However, there are certainly dangers in taking time off at that important age. Young adults may never return to their studies or find it difficult to readapt to（重新适应）an academic environment. They may think that it is better to continue in a job, or to do something different from a university course. But overall, I think this is less likely today, when academic qualifications are essential for a successful career.

这一段讲先工作或旅行之后再进入大学的弊端（disadvantages）：一些年轻人工作或者旅行之后可能就不愿意再去大学读书了，而是选择继续工作或者做其他的事情。

在本段后部，考官用 But overall 对这个弊端进行了让步："总体来看，我认为这并不太可能发生，因为现在学历对事业发展来说实在是太关键了。"在剑桥范文里有大约 1/3 左右的"同不同意"型和"比较利弊"型范文的让步段是这样写的：在让步段里先提出一个分论点，然后再提出这个分论点所讲的情况并不太可能会成为现实。这样写让步段的作用是进一步突出自己更倾向的那一段（在本文里也就是 advantages 的那一段）。

My view is that young people should be encouraged to broaden their knowledge and experience of the world. This is the best way for them to get a clear perspective of what they hope to do with their lives. Students with such a perspective are the most motivated ones and taking a year off may be the best way to gain this.

考官在这篇**比较利弊型**范文的结尾段给出了自己的看法：先去旅行或者工作可以帮助年轻人扩展知识和对于世界的体验，而且也能更清晰地了解自己的需求。学生们在中学毕业之后应该先去工作或者旅行一年然后再进大学。全文毫无卖弄和“炫技”，只是紧扣题目进行了浅显易懂的论述，读起来却反而更流畅、值得回味。

本文里出现的Day 7地道短语：

- earn a living
  依靠自己的努力生活，自食其力
- adapt to ...
  适应（readapt to 是“重新适应”）
- become more independent
  变得更独立
- broaden their knowledge and experience
  扩展他们的知识和经历
- meet the challenges
  应对挑战
- keep them motivated
  让他们保持动力

本文主体段里用到的衔接手段

（如果您已经不记得这些连接词和代词的用法，请及时复习 Day 6）

- **连接词：**
  By contrast，（形成前后两个句子之间的对比关系）
- **代词：**
  they（人称代词主格），their（物主代词），this（指示代词）

本文里用到的很容易被中国同学们“遗忘”的基础句式

【简单句实例】
This also gives them an advantage in meeting the challenges of student life.

【并列句实例】
Students with such a perspective are the most motivated ones and taking a year off may be the best way to gain this.（and 之前和 and 之后各是一套主谓结构）

【宾语从句实例】
They may think that it is better to continue in a job.

【定语从句实例】
(1) Those who have spent some time earning a living or travelling have a broader view of life. (这个 those 的含义相当于 those people)
(2) They are more independent, which is a very important factor in academic study and research. (这个 which 是指前半句话的整体所讲的情况)

接下来我们再来看一篇 Report 题型的真实官方范文。

剑桥提供的满分 Report 范文

[题　　目] *There are more problems with students' behavior in many countries. What are the causes and what are your solutions?* 在很多国家里，学生们的行为问题增多。这种现象的产生原因是什么?提出你的解决办法。

题目分析:

本题是典型的 Report 题。

学生的行为出现问题，比如欺负小同学 (bully younger students)，不认真听讲 (do not pay attention to the teacher)，不遵守学校规定 (do not follow school rules) 等的原因有很多，比如家庭的、社区的、媒体的、学校的 (当然实战没必要写这么多)，然后相应地给出解决方法。

Day 7 里的实用短语也同样能为我们提供素材。例如：have busy careers (家长的事业非常忙碌)，feel lonely and unhappy (孩子感到很孤独而且不开心)，are easily influenced by media violence (很容易受到媒体里的暴力内容的影响)，copy the behavior they see in the media) (模仿他们在媒体当中看到的行为)，become aggressive (变得具有攻击性)，spoil their children (家长溺爱他们的孩子)，lack self-control (缺乏自控能力)，break school rules (违反学校规定)，develop anti-social behaviour (形成反社会的行为)，respect each other (互相尊重)，communicate regularly with each other (彼此间经常相互交流)，take part in community activities together (一起参加社区活动)，become responsible members of society (成为有责任感的社会成员)，regulate media violence (政府对于媒体里的暴力内容进行严格监管) 等 phrases 都可以帮助我们又快又好地想出扣题的理由。当然，实际写作文时并不需要这么多的理由，只要用 3 ~5 条短语就已经很好了。

Poor student behaviour seems to be an increasingly widespread problem and I think that modern lifestyles are probably responsible for this.

In many countries, the birth rate is decreasing so that families are smaller with fewer children. These children are often spoilt by their parents, not with love and attention because working parents do not have the time for this, but in more material ways. The children are allowed to have whatever they want, and to behave as they please. This means that the children grow up without consideration for others and without any understanding of where their standard of living comes from. When they get to school age, they have not developed any self-control. They have less respect for their teachers and do not follow school rules in the way that their parents did.

Teachers often complain about this problem and measures should be taken to change the situation. But I think that the solution to the problem lies with the families who need to better understand the harm of spoiling their children. If they could raise their children to be considerate of others and to be responsible individuals, the whole community would benefit.

Parenting classes are needed to help parents to achieve this goal, and high quality nursery schools could be set up that would support families more in raising their children. The government should fund this kind of support for parents because this is no longer a problem for individual families, but a problem for society as a whole.

逐句分析

Poor student behaviour seems to be an increasingly widespread problem and I think that modern lifestyles are probably responsible for this.

这篇 **Report 范文**的开头段是典型的改写原题 + 概括原因。这种简明的开头风格贯穿于所有的剑桥官方范文。考官们的主要精力都是放在把主体段的分论点和展开支持句写充实上面。对比起来，中国同学们喜欢的冗长、拖沓的开头段则显得过于“盛大”、过于“隆重”，从而导致作文“头重脚轻”的不良效果。

In many countries, the birth rate is decreasing so that families are smaller with fewer children. These children are often spoilt by their parents, not with love and attention because working parents do not have the time for this, but in more material ways. The children are allowed to have whatever they want, and to behave as they please. This means that the children grow up without consideration for others and without any understanding of where their standard of living comes from. When they get to school age, they have not developed any self-control. They have less respect for their teachers and do not follow school rules in the way that their parents did.

本段先写家庭原因：家里的孩子更少了，所以孩子们被溺爱，不关心别人。然后写孩子进入学校后，依然没有形成自控能力，缺乏对老师的尊重。本段里写的都是生活常理，在行文衔接方面既用了连接词、也用到了指示代词、人称代词和物主代词。剑桥范文的语言风格都是简洁明快的，而不像“山寨”范文那样给人“受虐感”。

Teachers often complain about this problem and measures should be taken to change the situation. But I think that the solution to the problem lies with the families who need to better understand the harm of spoiling their children. If they could raise their children to be considerate of others and to be responsible individuals, the whole community would benefit.

这一段讲的道理仍然相当常识（common sense）化，提出解决方法主要是依靠父母对孩子的教育，让他们成为有责任感的人，而且这对社区也有益，依然延续了平易近人的语言风格。真实的剑桥范文都是朴实的、可以平视的，而不需要你去“膜拜”或者“自惭形秽”。

Parenting classes are needed to help parents to achieve this goal, and high quality nursery schools could be set up that would support families more in raising their children. The government should fund this kind of support for parents because this is no longer a problem for individual families, but a problem for society as a whole.

考官在结尾段提出应该开一些家长培训班，并且建立好的幼儿园，帮助家长教育孩子，因为孩子们的行为问题已经成为社会问题了。语言浅显易懂，再次证明了写好雅思作文必须远离“高大冷”这个铁的事实。

本文里出现的Day 7 地道短语：

- spoil their children
  溺爱他们的孩子
- standard of living
  生活水平（名词短语）
- lack self-control
  缺乏自控能力
- do not follow school rules
  不遵守学校的规定
- achieve this goal
  实现这个目标

本文主体段里用到的衔接手段

（如果您已经不记得这些连接词和代词的用法，请及时复习 Day 6）

- **连接词：**
  because（表示因果关系），if（表示假设关系）

- **代词：**
  they（人称代词主格），their（物主代词），this（指示代词），these（指示代词）

本文里用到的很容易被中国同学们"遗忘"的基础句式

【并列句实例】

Teachers often complain about this problem and measures should be taken to change the situation.（and 前后各有一套主谓结构）

【宾语从句实例】

This means that the children grow up without consideration for others.

【定语从句实例】

They have less respect for their teachers and do not follow school rules in the way that their parents did.

事实胜于雄辩。在看了一系列真实的剑桥官方范文后，我们明显能感受到下述5个共同特点：

❶ 高分范文一定是严格**扣题**的作文，而且有清晰的结构。在态度上，采用折中式的远比采用一边倒的要多。而且，高分范文对每一方都会提出1 ~3个简洁、明确的分论点（即理由reasons）。难题的分论点还可以通过背熟十类最常见理由和它们分别对应的短语（phrases）来快速解决（Day 7）。

❷ 主体段的**分论点**（理由，reasons）里通常会用到3 ~5条地道短语（good phrases），但整体用词风格并不难。“词不在难，用准则灵”。

❸ 高分范文在每个分论点（即理由）后面一定会写1 ~2句、甚至更多的**展开支持句**（supporting sentences）。写展开支持句时不要故作高深，否则就偏离了IELTS作为语言能力测试的初衷。想不出某个分论点的展开支持句时，还可以用**Why is this true?** 和 **What does this mean?** 这两个问题来提示自己。展开支持句的衔接手段有平实的连接词（“果粒对比，不设下限”）、指示代词、人称代词、物主代词、转述前文里的关键词。不要刻意地过度使用某一种衔接手段。

❹ 真正的剑桥高分范文并不是像传说中那样“长难句扎堆儿”。恰恰相反，只是用很基础的定语从句、宾语从句或状语从句，而且**并不排斥简单句和并列句**。太“高端”的句式万一在紧张的考场里用错了就会变成毒药。牢记“KISS原则”：Keep it simple. Keep it clear. You will be fine.

❺ 高分范文即使出现语法错误和拼写错误，数量也比较少（3 ~6个）。减少错误的最有效方法就是用平实的语言、写浅显的道理。连考官们都是这样做的，你为什么不呢?

备考时间充裕的同学还可以在本书姐妹篇《IELTS写作完整真题库与范文全解》里看到更多的Argument和Report范文分析。

Mission Statement

— 图表题的3个核心要求

— 写好图表题的准备工作

— 图表题的3种段落

— 怎样打破小作文的时态魔咒

Day 9

图表题，能提前写完吗

Figuring Out a Set of Data

We have plenty of quantitative data on our hands now.

— *Pat*

考场如战场。在写作考场里如果1小时之内完不成，哪怕多写一分钟考官也会立刻走过来在你的试卷上写明违纪的 note。所以，如果 Task 1 浪费过多的时间、或者质量不高，仍然可能意味着全局的失败。

图表作文的重要性还不止于此。我们在 Day 1 说过：Task 1 在写作总分当中只占1/3的分数，但要请您牢记一个规律：如果你的图表作文比议论文低1分，那么它将会把你的写作部分的综合分数下拉0.5分。这里 Pat 给您算笔账，我们假设一下：如果 Task 1 是5分而 Task 2 是6分，那么写作部分最终的分数将只有5.5，而不是6分（因为剑桥的计算方法是只有达到5.75才能进为6）。同样的情况也可能会出现在需要写作单项6.5或者7分的同学们身上。显然，写作0.5分制的存在，迫使我们不能轻视 Task 1，如果 Task 1 和 Task 2 的分数差异过大，就将直接导致 the Writing Section 分数的下降。

在今天的内容里，我们将通过大量真题一步一步地向您展示图表题的操作手法，建立起对于 Task 1 作文的快速反应和高效作战能力。

Task 1 的语言特色

很多同学在学校里从来没有用英文描述过数学图表，所以对图表题的语言特色并不是很清楚，结果导致写出的小作文与剑桥要求的 Task 1 的风格背道而驰。

Task 1 是客观性写作，写作风格应该力求客观真实，最好不要太"激情"。比如我们仔细感受一下下面的几段官方范文，第一段是《剑11》里的7分范文：

The results illustrate that before the refurbishment, only 15% of visitors were very satisfied, while the figure for dissatisfied people was 40%. After the refurbishment, the figure for dissatisfied visitors declined to 15%.

第二段是《剑10》里一位考官写的：

Swiss sales figures jumped from 15 million to 47 million euros, while in the UK and Belgium sales only grew from 1 million to 5.5 million euros and from 0.6 million to 4 million euros respectively.

这一段则是选自《剑9》的考官范文：

Consumption has fluctuated since 1990 but both now provide 24q. Coal is predicted to increase steadily to 31q in 2030, while after 2014, gas will remain stable at 25q.

再看《剑8》里的这个段落，真实的剑桥风格其实从来都很一致，长情者，剑桥也：

65% of farmland degradation is caused by animal overgrazing and tree clearance, constituting 35% and 30% respectively. Over-cultivation accounts for 28% of farmland degradation.

我们可以明显看出：与议论文相比，**图表题的语言更"呆板"**，这是由 Task 1 属于客观性写作的特点决定的，而且图表题里常用的地道词汇和短语的数量也很有限，我们在今天的学习中将会把它们一网打尽。

小作文的3个核心要求

雅思图表题主要有5种类型：

table	表格题
line graph	线图（包括直线图和曲线图）
bar chart	柱状图（也叫条形图）
pie chart	饼状图
process diagram	流程图

IELTS 写作里还有一种考查频率并不高，但是烤鸭"牺牲率"很高的地图题（map），您可以在本书姐妹篇《IELTS 写作完整真题库与范文全解》看到它的真题和范文。

图表题和议论文最根本的差异就是图表题是客观性写作而议论文是主观性写作。认真体会官方例文就会发现：好的图表作文有3个共同特点：

客观性（objectivity）

好的图表作文不应该含有任何在图里面并没有给出、仅仅是凭自己的主观想象加入的成分。"图里有什么我们才介绍什么"是 Task 1 的基本原则。即使是结尾段针对图形作出的总结性结论，也不允许海阔天空地随便联想，而应该根据图里的实际内容作出合理的归纳（在今天后半部分我们还要详述）。

准确性（accuracy）

图表里面的数据应该力求准确介绍，一定不能抄错数字。不过，剑桥的另一个规定是：当一个特征点并没有落在一个准确的坐标值上（例如 500 或者 1000）的时候，是允许考生进行合理的目测的。

比如，《剑 7》里的官方范文例句：

Lamb and chicken were eaten in similar quantities (around 150 grams), while much less fish was consumed (just over 50 grams).

再请看下面这个线图（line graph）：

1 example 例题一

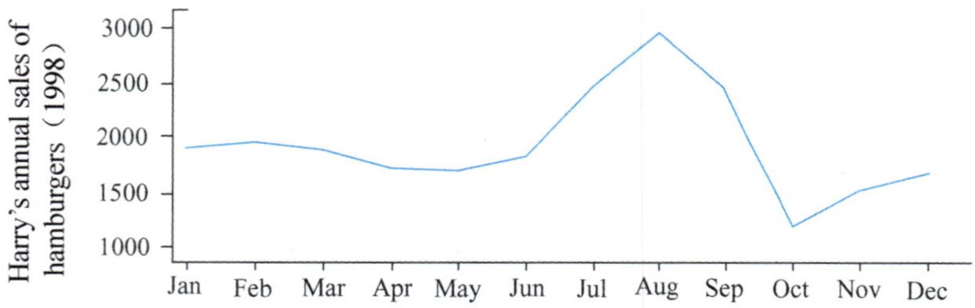

分析：

当介绍 February 时，由于对应的数值并不是正好精确地落在 2000 的坐标值上面，我们就不一定非要写一个精确数字，而是可以简单地写 just under 2000。但对于 March，由于对应的数值离开 2000 已经有了一段距离，则可以目测一下（around 1, 800）（表示“大约”的词汇请参考 p. 197）。

详尽性（thoroughness）

这个要求很容易被缺乏考场实战意识的同学误解成必须“面面俱到”。事实上，图表题里面所说的详尽介绍数据决不是说要把所有的数字全都“堆”到文章里。恰恰相反，那样只会导致描述缺乏层次感。Task 1 的数据选取原则我们将会通过大量范文来深入学习。

决定 Task 1 成败的两种基本功

请牢记：从根本上决定你的小作文质量的，并不是上升、下降、dramatically 那些词汇（当然那些词也是需要的，见 p. 190），而是看你能不能做好两项准备工作，它们才是区分写作考场里的“懵懂菜鸟”和“卧底大牛”的本质所在。

1. 你是否能够仔细审题？

这一步看起来只要细心就行，其实是挺有学问的。

（1）看图时一定要看清楚单位。如果图里标出了“km^3”（剑桥 6 第一套）、“grams”（剑桥 7 第二套）、“percentage”（剑桥 7 第三套）、“units”（剑桥 7 第四套）、“million tonnes”（剑桥 8 第四套）、“billions”（剑桥 9 第二套）、“millions of euros（剑桥 10 第二套）”、“metric tonnes（剑桥 11 第三套）”等单位可千万要记得抄到文章里，否则数量级就彻底错了。

同时必须特别提醒中国同学们注意的是：

规律： 虽然有时图里面写的单位是 thousands，millions，billions 这样的复数形式，但是当你在作文里具体介绍数值时，必须把它们改成单数形式，去掉 s。例如：2 million √，90 billion √等，绝不能写 2 millions ╳，90 billions ╳ 这样的错误形式（此处省略 100 个感叹号和愤怒表情，因为很多同学在这个问题上实在是“屡教不改”）。

million billion 不加s thousand.

《剑 10》实例：

In two places sales increased by the same amount: 1.8 million to 2 million euros in Denmark, and 0.8 million to 1 million euros in Sweden.

（2）看图时决不能轻视在图上方或者图下方给出的图形标题。

2 example 例题二 （《剑 11》p. 54）

You should spend about 20 minutes on this task.

The charts below show the proportions of British students at one university in England who were able to speak other languages in addition to English, in 2000 and 2010.

Summarise the information by selecting and reporting the main features, and make comparisons where relevant.

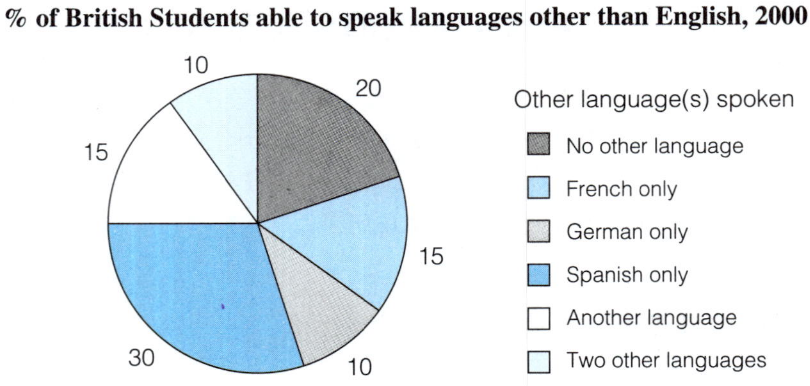

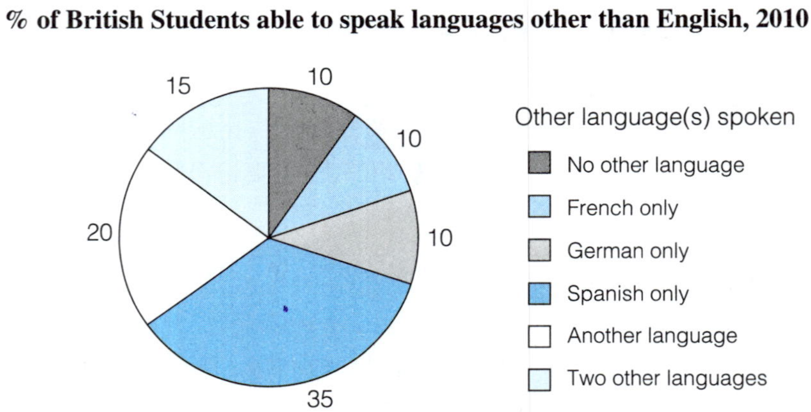

例如：《剑 11》p. 54 原题的文字里有 speak other languages in addition to English，而两个饼图上方标题里面的 speak languages other than English 就是剑桥官方为你“义务”提供的自然替换方法。再比如，《剑 10》p. 30 第一个饼图上方的标题 Australian household energy use 虽然并没有在原题的文字里出现，但却可以在写开头段和主体段时很自然地借用。又比如：《剑 9》p. 101 线图上方标题 U. S. energy consumption by fuel 里面的 fuel 并没有在原题的文字里出现，但是它却在官方范文里得到了考官的充分利用。这些标题都可以为我们提供在原题的文字里没有出现、但是却对介绍图形很有帮助的“好词”（useful words）。

（3）图里面如果给出了图例，也务必要看仔细。例如：《剑 8》p. 101 线图右侧的图例里代表 road 和 rail 的两种线型必须要区分清楚，否则必然导致全文信息混乱（您也许现在认为这么弱智的问题自己肯定不会犯，但在考场里很多“烤鸭”根本就是处在“半兽人”的状态，有些甚至能把 Task 2 的作文写到 Task 1 的答题纸上面去。不信？这样“超现实”的事情每次考试都在某些考点里很真实地发生着）。

（4）另一方面，如果图里的某个数据并不是正好落在一个准确的坐标值上面的时候，剑桥是允许你使用 about / around / just over / just under / approximately 等词来表示目测的

(当然，如果能够看清准确的数值那就还是写准确的数值更好)。

在考场里多用一点时间认真读题是高分选手们共有的习惯，否则真的有可能会事倍功半。

2. 你是否能够快速确定每部分的结构?

上面已讲，写图表题的第一个准备工作是认真读题，第二个准备工作是合理地划分主体段，接下来的第三个准备工作就是确定每一段的结构了。

请熟悉下面这个结构，并确保在考场里可以熟练应用。

段 落	句 数	作 用
开头段	写 1 ~2 句	改写原题（paraphrase），具体改法见下节
主体段 1 …… 主体段 N	写 1 + X 句	每个主体段第一句总体概括（overview），X 句具体介绍数字和趋势（details），具体写法见下节
结尾段	写 1 ~2 句	结尾段的第一句介绍总数 total（但如果图中并没有明确地给出总数 total，那么这句话就不写。注意：一定不要画蛇添足地对图里各数据求和。因为剑桥官方明确规定：Task 1 只考查描述能力，但不考查运算能力）。第二句是结论，如果看不出合理的结论，那么就简单地对上文里的数据或趋势进行整体概括也很好，切勿"海阔天空"，具体写法见下节

Section Recap

通过以上两节的学习，我们明确了：

(i) Task 1 作文强调客观性、准确性与详尽性(但并不需要对所有数据"面面俱到")；

(ii) 对于 ❶ 仔细审题（除了读题要认真，还要注意看清图里的单位、标题和图例)、❷ 熟悉各段的基本框架（上面这个表格）这两项基本功要形成快速反应能力。在紧张的 20 分钟里，我们真的没时间在这两项本来应该很熟练的工作上去"磨叽"。

写好 Task 1 的 3 种段落

开头段的写法：改写原题，写 1~2 句

开头段就是快速改写原题，剑桥提供的考官满分范文也是如此。

请看《剑 7》Test 4 的 Task 1 原题：

The pie charts below show units of electricity production by fuel source in Australia and France in 1980 and 2000.

相应地，考官满分范文开头段就把它很简单地改写成了：

The pie charts compare the sources of electricity in Australia and France in 1980 and 2000.

规律：（1）如果一道题里包含两个或两个以上的国家或地区，或者包含两种或两种以上互相比较的事物，那么在开头段转述这道题时就可以用 compare 来替换 show。

（2）原题里的 below 一词在转述时必须删掉。这是因为：在您写考试作文时，其实是在画有横格的答题纸（Answer Sheet）上面写作，与印有考题和图形的试题纸（Question Paper）并不是同一张纸，当然就根本谈不到是 below 还是 above 的问题了。

我们再来看更多的开头段改写实例。《剑 8》Test 4 的 Task 1 原题是：

The graph below shows the quantities of goods transported in the UK between 1974 and 2002 by four different modes of transport.

相应地，由剑桥提供的 8 分范文开头就把它改写成了：

The graph illustrates the quantities of goods transported in the United Kingdom by four different modes of transport between 1974 and 2002.

又比如，《剑 10》Test 2 的 Task 1 原题是：

The tables below give information about sales of Fairtrade-labelled coffee and bananas in 1999 and 2004 in five European countries.

考官就把它很直白地改写成了：

The two tables compare sales data for Fairtrade coffee and bananas in 1999 and 2004，in five nations of Europe.

从剑桥官方提供的开头段改写实例可以明显看出：转述原题的时候并不需要改动得太多，能够改2～4处就已经很好了，如果"手术"动得太大反而有"手滑"给改出个语法错误的可能。

现在我们就来集中练习改写开头段，当您把下面几道题开头段转述都练习一遍的时候，就已经是一个改写开头段的高手了。

3 example 例题三（开头段的改写实例1）

You should spend about 20 minutes on this task.

The table below shows the proportion of different categories of families living in poverty in Australia in 1999.

Family type	Proportion of people from each household type living in poverty
single elderly person	6% (54,000)
elderly couple	4% (48,000)
single, no children	19% (359,000)
couple, no children	7% (211,000)
single parent	21% (232,000)
couple with children	12% (933,000)
all households	**11% (1, 837, 000)**

分析：

（1）原题里的show可以替换成illustrate，而且因为这个表格里涉及到对6种家庭之间的比较，所以也可以很自然地使用compare来代替show；proportion（比例）可以替换成percentage；categories（类别）可以替换成kinds / types；如果还有继续改的冲动，那么把短语families living in poverty（贫穷）整体替换成poor families也可以

（2）切记：原题里的 below 一词在进行改写时必须删掉。

思考：本题里的数据并不多，但是如果带着比较意识（make comparisons）来看，其实能看出的规律并不少。请根据上面的表格回答：

① 单身的人们（single people）和夫妇（couples）比较谁更可能会生活在贫困当中？
② 老年人（elderly people）的贫困比例是高还是低？
③ 与没孩子的家庭相比，有孩子的家庭贫困率更高还是更低？

比较意识对于夺取小作文高分具有重要意义，而且 IELTS 小作文对比较的要求并不高，能够适当体现出有比较的意识就已经很好了，我们在后面的范文分析部分里还将深入学习在雅思小作文里进行比较的技巧。

Pat 总结出的 Task 1 作文同义词代换表

the UK	⇔	Britain / the United Kingdom
proportion	⇔	percentage
information	⇔	data（注意 data 也不能加 s）
males	⇔	men
females	⇔	women
from（年代）to（年代）	⇔	between（年代）and（年代），或者 over a period of … years
subway system	⇔	underground railway system / underground train system
store	⇔	shop
the number of ＋ 可数名词的复数形式	⇔	the figure for ＋ 可数名词的复数形式

the amount of something + 不可数名词的单数形式	⇔	the figure for + 不可数名词的单数形式 (用 figure 这个词的好处是：不仅很地道，而且在它后面既可以跟可数名词的复数，也可以跟不可数名词的单数，所以 figure 在考场时间里可以帮助你省去到底应该用 the number of 还是应该用 the amount of 的纠结时间。但要切记：在 figure 后面习惯搭配的介词是 for √，而不是 of ✕) **例句 1**：The figure for children under fifteen was significantly（显著地）higher at 21.6%. **例句 2**：The figure for natural gas increased from just under 2.6 million units in 2000 to around 3.5 million units in 2006.

4 example 例题四（开头段改写实例 2）

You should spend about 20 minutes on this task.

The chart below shows the different levels of post-school qualifications in Australia and the proportion of men and women who held them in 1999.

Post-school qualifications in Australia according to gender (1999)

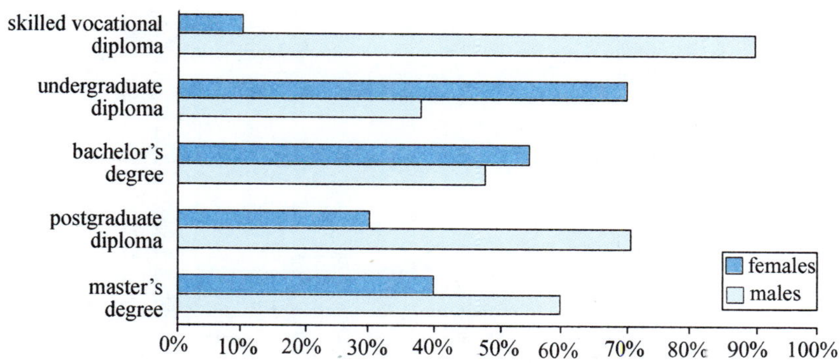

改写分析：

这道题目原文里的 chart 可以加一个单词扩充成 bar chart；show 可以换成 illustrate（因为是 5 种不同的学历之间的比较，所以换成 compare 也可以）；proportion 可以换成 percentage；men and women 可以替换成 males and females

思考：

如果按照五种学历分成5个主体段来介绍这个图，再加上开头段、结尾段，全文将多达7段，无疑会显得非常拖沓。那么怎样划分本题的主体段可以更清晰呢？

对于这样比较复杂的图形，分类意识又可以发挥它的作用。如果我们按照 females 和 males 的数据来分类，写两个主体段，分别介绍男性和女性各自的数据，是一种可行的主体段分段方式。另一种可行的分类思路是：因为 skilled vocational diploma，postgraduate diploma 和 master's degree 这三种学历都是男性所占的比例高，所以可以把它们放在同一个主体段里介绍，而 undergraduate diploma 和 bachelor's degree 这两种学历都是女性所占的比例高，所以把它们放在另一个主体段里来介绍，这样划分主体段也同样可以把看似杂乱无章的数据介绍得很有条理。

5 example 例题五（开头段的改写实例3）

You should spend about 20 minutes on this task.

The graph below shows the consumption of fish and some different kinds of meat in the UK between 1979 and 2004.

line graph compare type from to

Fish and meat consumption

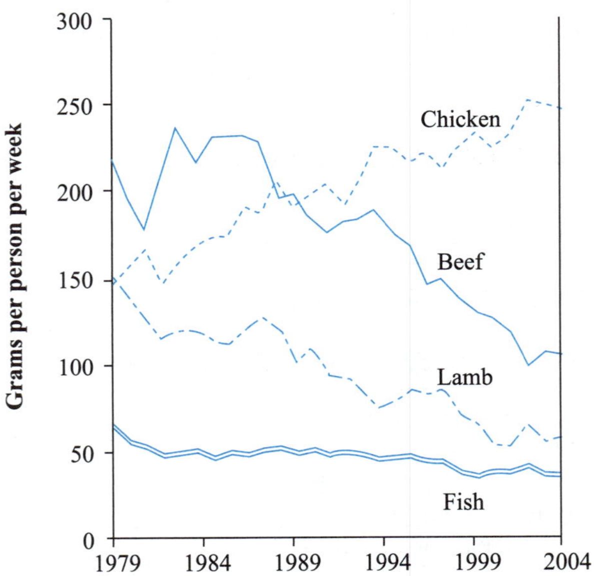

改写分析：

原题里的 graph 可以加一个单词扩充成 line graph；show 换成 illustrate（由于本题是对比四类不同的食品的数据，所以也可以把 show 换成 compare）；some different kinds of meat 可以换写成三种具体的"肉名"：beef，lamb and chicken

思考：

在这四种食品当中，有哪几类食品从 1979 年到 2004 年的整体变化趋势是下降的？有哪一类食品在这个时期内的整体变化趋势是上升的？

6 example 例题六（《剑 11》p. 77）

You should spend about 20 minutes on this task.

The graph below shows average carbon dioxide（CO_2）emissions per person in the United kingdom, Sweden, Italy and Portugal between 1967 and 2007.

Average carbon dioxide（CO_2）emissions per person, 1967–2007

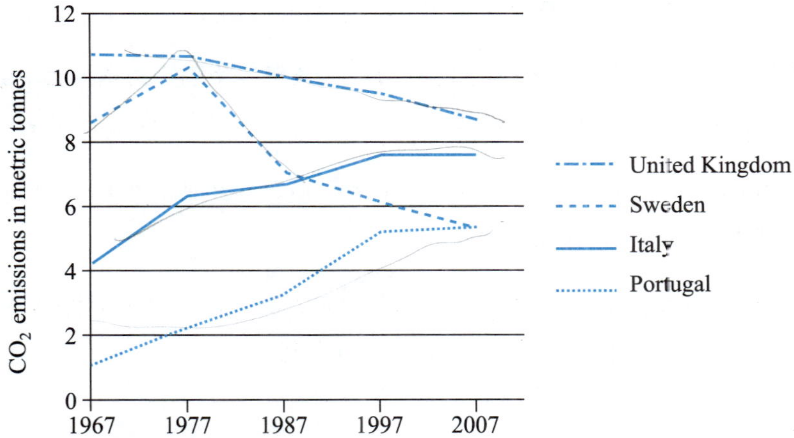

按照我们已经学习的方法，瞬间就可以改写为下面的形式：

The line graph（注意要删掉原题里的 below）illustrates（由于是比较四个不同国家的数据，所以用 compares 也对）average carbon dioxide（CO_2）emissions per person in four countries（如果写 in four European countries 也正确）over a period of 40 years.

思考：

在这四个国家里，哪两个国家的数据是持续上升的？哪个国家的数据是持续下降的？哪个国家的数据是先上升再下降？

我们再来练习一下。

万事开头难。当我们对于小作文开头段的改写方法已经有了一定心得体会的时候，不妨先停下来补充一些弹药，然后再向更关键的主体段进军。

主体段介绍数据或者描述变化趋势的常用词汇一网打尽（每组最多背 3 个就足够，例句也要看）

动词部

表示上升的动词

go up（went up，括号里的是过去时） increase（increased）

★ rise（rose） grow（grew）

其中，rise 和 increase 这两个词也可以作为名词使用。

另外，“呈现出上升的趋势 / 呈现出下降的趋势”还可以用固定短语 show an upward trend 或者 show a downward trend 来表达。

例句： In the UK sales grew from 1 million euros to 5.5 million euros.（剑 10 例句，注意数字后面的 million 必须保持单数）

It is expected to remain at this level until 2030，while the others should rise slightly（很小幅度地）after 2025.（剑 9 例句）

表示下降的动词

★ decline（declined）（切记：表示“下降”时 decline 绝不能用被动形式）

★ fall（fell） drop（dropped）

decrease（decreased）

这四个词也经常可以作为名词使用。

例句： The cost of average homes in London dropped by around 6% between 1990 and 1995.

The figures fell steadily over the next ten years.（fell 是 fall 的过去时，短语 fell steadily 是“平稳地下降”）

After slight increases, hydropower fell back to the 1980 figure.（短语 fall back to 是"回落至……"，它对于描述数据升高之后又回到接近原数值的低点时很有用）

规律

中国同学们普遍都知道表示从……上升（或者从……下降）至……的介词搭配应该用 from ... to ...。但是如果并不想突出具体的起点数值和终点数值，而是想强调上升（或者下降）的幅度是多少，那么又应该用哪个介词呢？

如果需要强调上升或者下降的幅度，请您坚定地使用介词 by。而且，当用 by 表示涨跌幅度的时候，它的后面跟具体的数字或者百分比都可以。

例句：（i）Sales in Belgium grew from 0.6 million euros to 4 million euros.（from ... to ...的作用是强调上升或者下降的起点数值与终点数值是多少）

（ii）Over the next 5 years, sales of mobile phones rose by about £26 billion.（by 的作用是强调上升或者下降的幅度是多少，在这个实例里面，by 后面的变化幅度是一个具体数值）

（iii）Exports of goods fell by 1.6% in the fourth quarter of 2015.（在这个实例里面，by 后面的变化幅度是一个百分比）

表示 波动 的动词

★ fluctuate（fluctuated）（切记：它不能使用被动形式）

常考搭配：fluctuate between... and...

例句： During this period, the figures for chicken fluctuated between 90 and 75 pounds per person per year.

表示稳定于某一水平的短语

★ remain stable at

（只要看到一根线里有一段接近于水平的线，就要触电似地立刻想到这个短语）

★ remain steady at（它和 remain stable at 都很常用，只选一个记就可以）

level off at（在这三个短语里面的 at 之后都是填入具体的数字或者百分比）

例句： The figure for Australia remained stable at just over £ 260 billion between 2001 and 2011.

The figure for the UK remained steady at around £430 billion between 2000 and 2002.

表示经历了某种变化的动词（只要在图里存在时间的跨度就一定能够用到）

★ see（saw）

★ experience（experienced）

witness（witnessed）

例句： The cost of furniture and equipment saw an opposite trend（固定短语 see an opposite trend 的意思是"呈现出相反的趋势"）.（剑 8 例句）

London saw a significant increase in the number of visitors between 1985 and 1995.

The unemployment rate in the UK experienced a sharp rise from 2.5% to 7% between 1970 and 1980.

表示到达最高点的短语

★ peak（动词）at…

★ reach its peak（名词）at…

上面这两个短语里的 at 后面可以填具体的数值

例句： After peaking at 90 billion minutes, local calls had fallen back to the 1995 figure by 2003.

表示到达最低点的短语

★ reach its lowest point at

fall to its lowest point at

描述趋势时表示达到…… 或者位于…… 的动词

reach（表示“达到”多少，它的过去时是 reached）

stand at（表示“位于”多少，它的过去时是 stood at）

此外，我们也可以更具体地用前面学过的“上升到……/下降到……”等短语来表示某个时间所对应的数量

表示占多少份额的动词（含百分比或者份额的考题必用，尤其在 pie chart 里是考官的最爱）

★ account for（accounted for）　　★ make up（made up）

★ represent（represented）　　constitute（constituted）

例句： Office buildings accounted for 36% of total energy consumption in 2007.

The cost of equipment represented 23% of the school budget.

表示对于将来数字的预测的动词

★ expect　　project

★ predict

注意： 这三个动词在小作文中经常是以被动形式出现。而且，尽管是描述未来的数字，但它们前面的 be 动词仍然要用 is 或者 are 的一般现在时形式。请看实例：

常考搭配：（主语）is expected to / is projected to / is predicted to …（后面接动词原形）

例句： Coal is predicted to increase steadily to 31 quadrillion units by 2030.（剑 9 例句）

（特别要注意：虽然这个短语是介绍将来的趋势，但 be 动词用的是 is，而不是 will be）

The number of train users is expected to rise to reach almost 7 million by 2035.

（这个短语里的 be 动词同样用的是 is，而不是 will be）

表示**变成原来数值的两倍或者三倍**的动词

★ double（过去时是 doubled）（变成原来的两倍）

increase twofold（变成原来的两倍）

问答：有很多中国同学问 increase twofold 这个短语到底是指变成原来的两倍还是变成原来的三倍，答案非常明确：increase twofold 在英美的通用理解就是变成原来的两倍，而 increase threefold 才是变成原来的三倍

★ triple（过去式是 tripled）（变成原来的三倍）

例句：Sales in Switzerland doubled from 3 million euros to 6 million euros.

The use of mobile phones tripled between 1999 and 2002.

注 意

上面方框里的三种写法都是表示同一个事物在不同时间的倍数关系；

而下面这个方框里的写法则是表示两个不同的事物之间的倍数关系：

表示**一个事物是另一个事物的两倍或者三倍**的表达

★ be twice as high（或者 long / fast / popular 等）as ...

★ be three times as high（或者 long / fast / popular 等）as ...

例句：In European countries, the average meat consumption was twice as high as the global average.

如果要写四倍、五倍，把 three 替换成 four 或者 five 就好了。但 IELTS 小作文是考英语而不是考数学，用到三倍的机会其实就已经不多了

提示：如果要表示“变成了接近原来的两倍”，“变成了比原来的两倍还多”，“几乎变成了原来的三倍”等含义，则可以使用 almost doubled，more than doubled，was nearly three times as high as ...等形式来表达

表示**始终高于**或者**始终低于**的句型

★ is（或者 are）consistently higher than ... 始终高于、持续高于……
（过去时把 is / are 换成 was / were 即可）

★ is（或者 are）consistently lower than ... 始终低于、持续低于……
（过去时当然是把 is / are 换成 was / were 就好了）

例句： Per capita（人均的）health spending in Northern Ireland **was consistently higher than** in England over the 30-year period.

表示**原有的差距变小**的句型

The gap between ... and ... narrows（过去时：narrowed）.

例句： **The gap between** men's incomes and women's incomes **narrowed** considerably（显著地）over the 30-year period.

反义句型： The gap between ... and ... widens（过去时：widened）.

表示**原来少于但是后来超过**的及物动词

exceed（过去时是 exceeded，它后面跟阿拉伯数字或者百分数）

overtake（过去时是 overtook，它后面跟比较对象）

例句： The consumption of chicken showed an upward trend, **overtaking** that of lamb in 1980.

（IELTS 小作文里的比较有两种情况：❶ 对比，也就是指出明显的差别或者明显的倍数关系；❷ 类比，也就是指出明显的相同点或相似之处。如果您在考前还有时间记忆更多表示**比较**的词汇，请看本书的高分卷 E）

形容词和副词部

表示**急剧**的形容词

★ sharp（sharply）	rapid（rapidly）

★ dramatic （dramatically）

括号里是副词形式。

例句： There was a dramatic increase in mobile calls from 2 billion to 46 billion minutes. （剑 9 例句）

表示**持续**的形容词

★ steady （steadily）　　consistent（consistently）

★ gradual （gradually）

区分： consistently 表示"持续地（上升或者下降）"，是急剧地或者稳步地都有可能，而 gradually / steadily 则是特指"稳步地（上升或者下降）"。

例句： Coal is predicted to increase steadily （稳步地上升） to 33 quadrillion units in 2035.

Spending on landline phones is expected to fall steadily over the 20-year period.

提示： 如果要用动词表示某个趋势延续，在 IELTS 小作文里最常用的就是动词 continue。

表示**显著的、大幅度**的形容词

★ significant（significantly）　　noticeable（noticeably）

★ considerable（considerably）

例句： The consumption of fish increased significantly from 58 pounds to around 80 pounds per person per year between 1970 and 1980.

This rise was particularly noticeable between 1999 and 2002.

表示很小幅度的形容词

★ slight (slightly)

例句： This figure is expected to rise slightly to 9.1% by 2030.

The increase was slightly larger in Belgium, from 1 million euros to 1.7 million euros. (剑 10 例句)

注意： 在 IELTS 作文里不要用 a bit larger 这样的口语表达

表示大约的副词和短语

★ about ★ around

★ just over (略多于) ★ just under (略少于)

approximately (这个词的拼写有一定挑战性，特别是其中的 pp 和 xi 两个位置极容易错，如果打算记就必须记准，否则宁可不记)

例句： In 1960 the proportion of people aged 65 and over stood at (位于) around 8% in Sweden.

表示分别的副词

respectively (常跟在两组或者多组数字的后面)

例句： In the UK and Belgium, sales grew from 1 million to 5.5 million euros and from 0.6 million to 4 million euros respectively.

关于 Task 1 的用词还有一个特别提示：虽然多数中国同学都能够把表示快速、慢速、上升、下降的词汇背得异常精熟，但是对于表示“占……”、“稳定在……”、“位于……”、“明显地”等同样也很常用的词汇和短语却往往容易忽视。希望您在小作文里也同样能积极地使用 **account for / represent / make up**, **remain stable at**, **stand at (stood at)**, **significantly**, **is expected to / is predicted to**, **peak at**, **double** 等同样拿分但却相对“冷门”的词汇。

主体段的写法：写 1 + X 句，第 1 句话总体概括本段（overview），后面的 X 句按顺序介绍该图形里的具体数据（details）

（1）主体段首句的写法

也许听起来难以置信：来自咱们中国这个数学强国的考生们竟然有相当一部分不知道小作文每个主体段里的第 1 句话（overview）到底应该写什么。很多孩子在考试时写小作文主体段的第 1 句话时干脆就是“蹭”过去的。但这个写作盲点对于小作文的结构组织有可能是致命的。

如果您能记清下面这两条写主体段首句的“潜规则”，将会让您在实战中把各主体段首句写得又快又准：

① 如果图形里存在着**时间推移**（例如，存在着不同的年代、不同的月份或者一天里面的不同时间等），那么该图形属于动态图，主体段的段首句就可以 ❶ 概括该图形的整体变化趋势（是整体上升、整体下降、波动还是保持平稳），或者 ❷ 概括该图形里哪一类数据整体上高于其他的各类数据；

② 如果图形里并不存在时间推移，那么该图形就属于静态图，不存在“变化趋势”，所以主体段的段首句就可以 ❶ 概括该图形展示了哪几类数据，或者 ❷ 概括该图形里的哪一类数据整体上高于其他的各类数据。

我们先来看剑桥考官们是怎样写动态题主体段段首句的：

7 example **例题七**（《剑 10》p. 54）

You should spend about 20 minutes on this task.

The tables below give information about sales of Fairtrade-labelled coffee and bananas in 1999 and 2004 in five European countries.

Sales of Fairtrade-labelled coffee and bananas（1999 & 2004）

Coffee	1999 (millions of euros)	2004 (millions of euros)
the UK	1.5	20
Switzerland	3	6

（续）

Coffee	1999 (millions of euros)	2004 (millions of euros)
Denmark	1.8	2
Belgium	1	1.7
Sweden	0.8	1

Bananas	1999 (millions of euros)	2004 (millions of euros)
Switzerland	15	47
the UK	1	5.5
Belgium	0.6	4
Sweden	1.8	1
Denmark	2	0.9

开头段改写原题对我们来说已是轻车熟路，考官满分范文的开头段就是这样简单改写了原题：

The two tables show sales data for Fairtrade coffee and bananas in 1999 and 2004 in five nations of Europe.

我们再来看考官范文是怎样写主体段段首句的。

本题里的第一个表格提供了 1999 年和 2004 年的咖啡销量数据，由于存在着时间变化，而且各国的变化趋势都是上升的，所以考官满分范文的第一个主体段段首句就选择了概括这个表格里的数据整体变化趋势：

The first table shows that coffee sales increased in all five countries.

全为上升

高能预警： 在 that 后面绝不要紧跟逗号

本题里的第二个表格提供了 1999 年和 2004 年的香蕉销量数据，其中 Switzerland，the UK 和 Belgium 三国的数据是上升的，而 Sweden 和 Denmark 两国的数据是下降的。用段首句概括这两类国家的变化趋势是可以的，但这个表格还有一个更明显的特征是 Switzerland 的香蕉销量远远高于另外四个国家，所以考官范文第二个主体段的段首句就选择了概括哪个国家的数据整体上高于其他各国的数据：

In the second table, it is Switzerland that stands out as buying far more bananas than the other four countries.（瑞士购买的香蕉总量远远多于另外四个国家）

再比如，p. 188 例题五里描述鸡肉（chicken）在 25 年里的变化数据的那个考官范文主体段段首句就写成：

We can see from the line graph that the consumption of chicken showed an upward trend between 1979 and 2004.（因为有时间推移，所以段首句选择概括整体的变化趋势：上升）

而描述另外三种食品的另一个主体段在剑桥官方范文里则这样进行段首句的概括：

By contrast, the popularity of beef, lamb and fish decreased over the 25-year period.（概括整体的变化趋势：下降）

本书 p. 219 的例题二十里面的线图也存在着时间变化，属于动态图，所以考官范文里的主体段就选择这样来写它的段首句：

It is clear from the line graph that the daily demand for electricity in England is considerably higher in the winter than in the summer.（冬季的每日用电量明显地高于夏季的每日用电量，概括哪一类数据整体上高于其他数据也是动态图段首句的一种常用写法）

> 可见，对于含有时间变化的图形（动态图）来说，主体段段首句（overview）既可以概括数据的整体变化趋势，也可以概括哪一类数据整体上高于其他各类数据。

思考：下面这句话是一个存在着时间变化的柱状图的主体段段首句。从这个段首句的写法来看，您认为在这个柱状图里应该至少含有几种肉类？为什么？

It is clear from the bar chart that between 1955 and 1975, beef was the most popular meat in the UK.

下面，我们再来看看对于不含时间变化的图形（静态图）怎样写主体段的段首句。

8 example 例题八

You should spend about 20 minutes on this task.

The pie chart below shows the main reasons why agricultural land becomes less productive. The table shows how these causes affected three regions during the 1990s.

Causes of worldwide land degradation

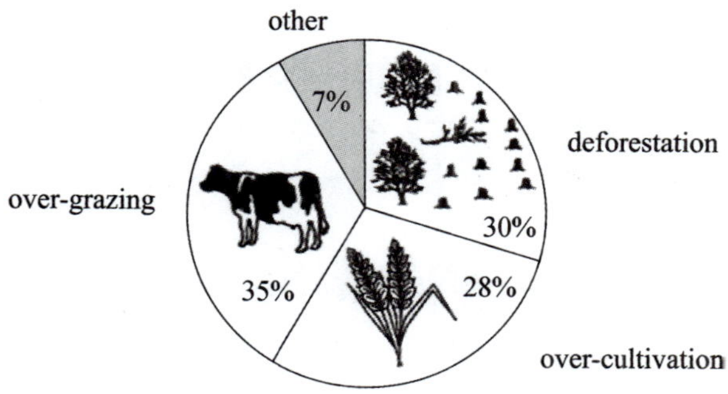

Causes of land degradation by region

Region	% land degraded by…			
	deforestation	over-cultivation	over-grazing	Total land degraded
North America	0. 2	3. 3	1. 5	5%
Europe	9. 8	7. 7	5. 5	23%
Oceania	1. 7	0	11. 3	13%

本题的这两个图都不含时间变化，是典型的静态图，所以在写段首句时就不要概括整体的变化趋势了。

剑桥范文在介绍本题里的饼图（pie chart）段首句时这样来概括它：

The pie chart shows that there are four main causes of farmland becoming degraded in the world today.

由于这个饼图里并没有时间变化，所以考官选择了用段首句概括这个饼图含有四类数据，这是写静态图段首句的一种常用选择。

而当介绍本题里的表格（table）时，剑桥考官则选择这样来写它的段首句：

The table shows that Europe had the highest proportion of degraded land among the three regions in the 1990s.（如果写成：The table shows that Europe had a considerably higher proportion of degraded land than Oceania and North America in the 1990s. 也是可行的）

考官选择了用段首句来概括表格里的哪一类数据从整体上来看是最高的，这是写静态图段首句的另一种常用选择。

> 可见，对于不含时间变化的图形（静态图）来说，主体段段首句（overview）既可以概括该图形展示了哪几类数据，也可以概括哪一类数据整体上高于其他各类数据。

我们再来看对于既有静态图又有动态图的考题怎样写段首句。

9 example 例题九

You should spend about 20 minutes on this task.

The graph and table below give information about water use worldwide and water consumption in two different countries.

Global water use by sector

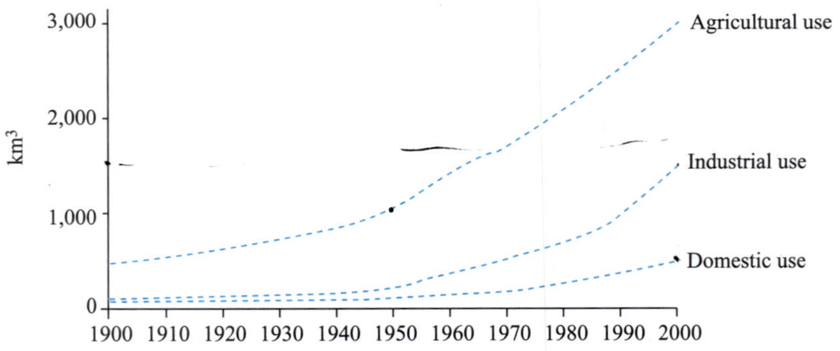

Water consumption in Brazil and Congo in 2000

Country	Population	Irrigated land	Water consumption per person
Brazil	176 million	26,500 km^2	359 m^3
Congo	5.2 million	100 km^2	8 m^3

由于线图（line graph）里面存在着时间变化，属于“动态图”，所以官方范文里描述线图那个主体段的段首句就选择了概括3根线的整体变化趋势：

It is clear from the line graph that the quantities of water used for agricultural, industrial and domestic purposes all increased between 1900 and 2000.

我们再来看表格（table）那个主体段的段首句写法。需要注意的是：虽然该表格里含有一个时间点（2000 年），但是它并不含有时间的变化，这个表格里的所有数据都是对应同一个时间点（2000 年），所以它仍然属于"静态图"。

相应地，剑桥范文里就这样来写介绍表格那一段的段首句：

We can see from the table that in 2000, water consumption was significantly higher（明显地高于）in Brazil than in Congo.

分清"动态图"和"静态图"并记住它们的段首句各自应该概括什么，是写好小作文段首句的核心要求，在今天的后半部分我们还将看到更多的高分实例。

➡（2）怎样写好主体段段首句后面的"X 句"

我们说过：主体段的结构是 1＋X，第一句是对于本段信息的整体概括（overview），X 句则是具体介绍数据（details）。写"X 句"有三大纪律，理解之后您会发现：其实介绍数据是件挺机械的事情，这是由 Task 1 小作文的客观性写作性质决定的：

纪律 1 要尽可能地按照有规律的顺序来介绍数据。对于小牛或者完全不牛的人来说，无序地、随意地"跳选"数据看似很快，但却是自杀性的写法，因为在考场里无序地随意介绍数据容易导致描述混乱甚至彻底失控，这完全违背了 Task 1 图表作文的写作初衷，无谓地增加了风险。

请牢记这个纪律：如果一个图里存在着时间变化（即动态图），那么就是按照**时间顺序**介绍最清晰；如果一个图里面没有时间变化（即静态图），那么就按照数据**从高到低排序**介绍最清晰。

在下一节里，我们将通过大量高分实例来说明按照这种合理顺序介绍数据的实战意义。

纪律 2 另一方面，由于考试的时间很有限，按照合理的顺序介绍数字**并不意味着**一定要"地毯式"覆盖全部数字，而是只要**在有限的 20 分钟里尽量多介绍一些数字就可以了。**

铁的事实：《剑 4》～《剑 11》里面由剑桥提供的 Task 1 满分范文里无一例外地都"漏掉"了一些非特征数字，考官们只是做到了对关键数字滴水不漏：

如果图里出现就必须“老实交代”的7类特征数据

起　点	只要图里面存在着时间变化（动态图）就肯定会有
终　点	同上
变化趋势	同上，但只要介绍明显的趋势即可，“事无巨细”一定写不完
转折点	只要图里面存在着波动就会有，但同样只需要选择非常明显的转折点即可，如果非要全都介绍反而可能会导致写作时间不够，甚至“捡芝麻丢西瓜”的后果
极　值	包括最大值和最小值，任何关于数字的图形里必有
等　值	不要只是盯着差异，两个完全相同（the same）或者非常接近（almost the same）的数字同样也是考官眼里的特征数据
倍数关系	如果图里的两个数据之间存在着明显的倍数关系（例如：两倍或者三倍），那么就应当指出，但是对于不明显的倍数关系不必苛求，考官关键要看你是不是具备比较（make comparisons）的“意识”

同时应该指出的是：毕竟IELTS小作文的核心任务是考英语写作而不是考“奥数”，而且剑桥官方的明确要求也只是介绍main features（主要的特征）和make comparisons where relevant（适当进行比较），所以确保你的语言准确要比和一两个数据“缠绵”更加重要。

所以，关于选取数据，我们在考场里的实战原则是：（1）坚持按照合理的顺序介绍；（2）特征数据誓死不漏，（3）对于非特征数据，只要在时间允许的前提下尽量多介绍就好了。

纪律3 考试前请至少认真研究table，line graph，bar chart和pie chart范文各一篇。

10 example 例题十（表格题 table 主体段 8 分范例）

You should spend about 20 minutes on this task.

The table below summarises some data collected by a college bookshop for the month of February 1998.

	Non-Book Club Members			Book Club Members	Total
	College Staff	College Students	Members of Public		
Fiction	44	31	-	76	151
Non-Fiction	29	194	122	942	1287
Magazines	332	1249	82	33	1696
Total	405	1474	204	1051	3134

分析：

这个 table 里的数据比较多，如果只是机械地"抄数字"有可能会显得杂乱无章，所以应该对这些数据进行合理的分类。可以有两种分类方法：一是按表格上方第一行提供的买书人的身份分成 non-book club members 和 book club members，写成两个主体段；二是按照表格左侧第一列提供的三类书分成 fiction，non-fiction 和 magazines，写成三个主体段，同样也是可行的。

下面这个 8 分范文主体段是按照前一种分段方法写的，我们来看看它是如何描述第一类人（non-book club members）的数据，请您仔细体会这个高分主体段里 1 +X 的写法：

We can see from the table that the figures for non-book club members are made up of sales to college staff, college students and members of the public（本图里没有出现时间变化，是静态图，所以这段的段首句没有介绍变化趋势，而是选择了概括本段的数据包含哪几个组成部分）. College staff bought 332 magazines, 44 fiction and 29 non-fiction books（把第一列的数据按照从高到低排序然后介绍，这是静态图介绍数据的常用方法），while（比较）college students bought 1249 magazines, 194 non-fiction books and 31 fiction books（介绍第二列时同样是按照从高到低进行了排序，table 题的官方范文里通常都含有这样的排序过程，以确保表格里的数据不会"凌乱"）. More（形容词比较级体现出的其实是一种比较数据的意识）magazines were sold to college students than any other group of customers. By contrast（继续进行合理的比较），although no fiction books were sold to members of the public, they bought 122 non-fiction books and 82 magazines.

这个高分 table 主体段在介绍每一列的时候，都是按照数值从大到小的顺序来排序介绍的，这是剑桥官方 table 题高分范文的共同特点，并且对特征数据进行了恰当的（但并不是事无巨细的）比较。

主体段第一句开头“由图可见”的写法还有以下几种方式

（不用都记，记两种即可）

- It is clear from the（在这个 the 后面填入该图的类型，比如 table / line graph / bar chart / pie chart）that ...（注意：在 that 和它后面引出的从句之间不要加逗号，无数烤鸭在这里前仆后继地踩出了逗号的脚印，不仅浪费了一秒钟，而且还要被扣分...）
- We can see from the（该图的类型）that（这个 that 后面同样不能加逗号）...
- It can be seen from the（该图的类型）that（这个 that 后面依然不可以加逗号）...
- The（该图的类型）shows that（这个 that 后面还是不能有逗号）...

我们再来看看剑桥范文怎样清晰地介绍下面这道考题里面的 table。

11 example 例题十一（表格题 table 主体段满分范例）

You should spend about 20 minutes on this task.

The graph and table below give information about water use worldwide and water consumption in two different countries.

Global water use by sector

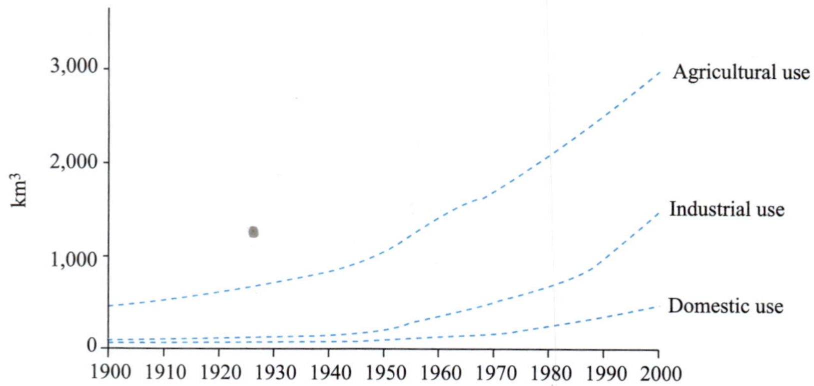

Water consumption in Brazil and Congo in 2000

Country	Population	Irrigated land	Water consumption per person
Brazil	176 million	26,500 km^2	359 m^3
Congo	5.2 million	100 km^2	8 m^3

分析:

这个表格里虽然含有一个时间（2000年），但是并没有时间的推移过程（它里面的所有数据都是2000年的，并没有时间变化），所以该表格仍然属于静态图。

我们来看官方范文怎样介绍这个表格。

We can see from the table that（再次提醒这里绝不能写逗号）in 2000, water consumption was significantly higher（明显更高的）in Brazil than in Congo（该表格里不含时间变化，属于静态图，所以考官在段首句里就没有概括"变化趋势"，而是选择指出哪一类数据更高）.（开始进入细节"X句"）The population of Brazil was 176 million in that year, while（比较）the population of Congo was only 5.2 million. Water consumption per person in Brazil（359m^3）was also much higher than（比较：远远更高的）that in Congo（8m^3）. We can also see from the table that Brazil had considerably more（明显更多的）irrigated land than Congo（26,500km^2 and 100km^2 respectively）.

现在我们再来看考官在《剑10》里怎样介绍前面p.198例题七里的表格。以该图里的第二个table为例：

In the second table, Switzerland stands out as buying far more Fairtrade bananas than the other four countries（考官在段首句选择概括哪一类数据明显多于其他的各类数据）.（开始进入具体细节"X句"）Swiss sales figures jumped from 15 to 47 million euros across these five years, while（体现比较意识）in the UK and Belgium sales only grew from 1 to 5.5 million euros and from 0.6 to 4 million euros respectively. Sweden and Denmark showed a different pattern（继续比较：呈现出不同的特征）, with falls in banana sales from 1.8 to 1 million euros and 2 to 0.9 million euros.（考官对5个国家的数据按照增长得最多、增长得比较少、减少的顺序来排序介绍，不仅体现了合理的比较意识，而且也形成了很强的秩序感）

我们再来看一篇 table 题满分范文的主体段写法：

12 example 例题十二（表格题 table 主体段满分范例）

You should spend about 20 minutes on this task.

The tables below give information about the per capita（人均的）beer and fruit juice consumption in different countries.

Beer	
Country	**Amount** *
Belgium	98 litres
Germany	119 litres
United States	85 litres
Ireland	155 litres
Denmark	98 litres
United Kingdom	97 litres
Canada	80 litres

Fruit juice	
Country	**Amount** *
Canada	52. 6 litres
Denmark	35. 5 litres
United Kingdom	29. 3 litres
United States	42. 8 litres
Germany	38. 6 litres
Ireland	28. 1 litres
Belgium	24. 8 litres

* Litres per person per year

分析：

这道题貌似难度很大，其实只是纸老虎。我们只要按照数值从大到小的合理顺序来介绍特征数据，并进行适当的比较就好了。考官满分范文也是这样的思路，我们来看看范文的开头段和写第一个 table 的主体段是怎样写的。

开头段改写：

The tables show data about the amount of beer and fruit juice consumed per person per year in seven countries.

主体段：

It is clear from the first table that（这里不能写逗号）beer is most popular in Ireland, with the average Irish person drinking 155 litres per year（该表格不含时间变化，所以考官在

段首句没有概括变化趋势，而是概括了爱尔兰的啤酒消费量最多，还使用了由 with 引导的独立主格结构※来给出数据）. Germany has the second highest per capita beer consumption of the seven countries (119 litres per year)（显然，这篇满分 table 范文在介绍每一列里面的数据时也是把数据从高到低排序来介绍的，合理的介绍顺序必然带来清晰的介绍效果）. The figures for Belgium and Denmark are the same (98 litres per person per year)（如果看到图里出现两个完全相等或者非常接近的数值，请别忘记进行"类比"）, while（比较）the per capita beer consumption in the UK is slightly lower (97 litres per person per year). The figures for the US and Canada (85 and 80 litres per person per year respectively) are considerably lower（对比：明显低于）than those for the European countries.

可见：即使是官方满分小作文，用词和句式也并不高深，但是（1）清晰的数据介绍顺序，和（2）合理的比较让它们远比结构混乱、只简单堆砌数据的低分作文看起来更"靠谱"。

下面我们再来看一篇剑桥官方 7 分 table 题范文的主体段写法：

13 example 例题十三（表格题 table 主体段 7 分范例）

You should spend about 20 minutes on this task.

The table below gives information about the underground railway systems in six cities.

※ with + 国名（或者城市名、类别名称等）+ 现在分词短语（表示主动含义）或者 + 过去分词短语（表示被动含义），这个语法结构叫作独立主格结构。它在 Task 1 小作文里特别常用，经常是在一个句子的前半部分里提出一种定性的比较，然后在这个句子的后半部分里用 with 引导的独立主格结构来给出具体的数字。

Pat 建议需要冲 7 的同学学习这种用法，因为它虽然听起来很"神"，其实真心并不难。例如：

(i) Petrol and oil are the dominant fuel sources throughout this period, with 35 quadrillion units used in 1980.（剑 9 例句）（前半句话提出定性的比较，后半句话里用 with + 名词 + 过去分词的独立主格结构介绍具体数字，使用了 use 的过去分词形式 used 表示"被使用"）

(ii) They affected different regions differently, with Europe having as much as 9.8% of degradation.（剑 8 例句）（前半句话提出定性的比较，后半句话里用 with + 名词 + 现在分词的独立主格结构介绍具体数字，使用了 have 的现在分词 having，表示"有"的主动含义，而不是"被有"）

Underground Railway Systems			
City	Date opened	Kilometres of route	Passengers per year (in millions)
London	1863	394	775
Paris	1900	199	1191
Tokyo	1927	155	1927
Washington DC	1976	126	144
Kyoto	1981	11	45
Los Angeles	2001	28	50

分析：

剑桥官方提供的本题 7 分范文是按照表格上方的三类指标来合理排序介绍的：

描述第一列里的数据：

London has the oldest underground railway systems among the six cities（第一列里面的最“老”值）. It was opened in the year 1863, and it is almost 150 years old. Paris is the second oldest, which was opened in the year 1900. This was followed by the opening of the railway systems in Tokyo, Washington DC and Kyoto（由于数据较多，所以合理地选择了适当省略非特征数据）. Los Angeles has the newest underground railway system, which was only opened in the year 2001. （本列里面的最“新”值，特征数据绝不能省略）

显然，7 分水平的句子要比满分水平的句子呆板一些，但按照合理顺序介绍数据和适当作比较这两方面还是进行得很踏实的。

介绍第二列里的数据：

In terms of the size of the railway systems, London has the largest underground railway system（本列里面的最大值）. It has 394 kilometres of route, which is about twice as large as（“大约两倍”，指出明显的倍数关系）the system in Paris（199 kilometres of route）. By contrast（对比）, Kyoto has the smallest system, with only 11 kilometres of route（当数据较多时，剑桥官方确实允许合理省略非特征数据，但对于特征数据则一定要牢牢抓住）.

下面介绍第三列里的数据：

Interestingly, Tokyo, which only has 155 kilometres of route, serves the most passengers per year, at 1927 million passengers（介绍本列里面的最大值）. The system in Paris has the second largest number of passengers, at 1191 million passengers per year. The smallest underground railway system, Kyoto, serves the smallest number of passengers per year(only 45 million).

突出了特征数据，也严格按照从高到低的排序进行了认真的比较，但对于有些非特征数据合理地“skip”过去了。一个句首的“Interestingly”则突出了东京的地铁路线短但却服务于最多的乘客这个有特色的现象（对 interestingly 有兴趣的同学还可以参阅本书的高分卷 E）。

Task 1 里面的大多数表格题都是常规题，介绍数据的规律很明显。不过，剑桥偶尔也会考到像 A4 腰和 iPhone 6 腿那样“看起来简直不可理喻”的难题。但我们只要坚持合理的介绍顺序和适当的比较，同样可以让难题也变得很“亲民”。

14 example 例题十四（表格题 table 主体段满分范例）

You should spend about 20 minutes on this task.

The table below shows changes in the numbers of residents cycling to work in different areas of the UK between 2001 and 2011.

Area	2001	2011	Percentage Change (%)
Inner London	43, 494	106, 219	144
Brighton and Hove	3, 168	6, 635	109
Bristol	8, 108	15, 768	94
Manchester	4, 610	8, 426	83
Newcastle upon Tyne	1, 781	3, 223	81
Sheffield	2, 365	4, 267	80
Cardiff	3, 514	5, 791	65
Gateshead	816	1, 314	61
Exeter	2, 304	3, 542	54
Leeds	4, 189	6, 237	49
Liverpool	2, 686	3, 970	48
Outer London	33, 836	49, 070	45

分析：

这道表格题里包含了两个不同时间所对应的数据。如何对这 12 个地区进行合理的分段，并且进行适当的比较，是写好这道 table 题主体段的主要挑战。由于这 12 个地区的变化趋势都是上升，所以不能按数据上升的地区和数据下降的地区来对 12 个地区进行分类。但仔细观察不难看出：inner London，Bristol 和 outer London 这 3 个地区的骑车上班人数远远多于另外 9 个城市，所以考官就选择了把这 3 个地区放在同一个主体段里介绍，而把人数较少的其它地区放到另一个主体段里介绍。这样不仅写起来更方便，而且也更充分地体现出了比较意识。

主体段 1：

It is clear from the table that the figure for cycling commuters increased considerably in each area between 2001 and 2011（由于存在着时间的变化，所以考官选择了用段首句概括整体的变化趋势）. Inner London had the most cycling commuters in both years（介绍具体数字时仍然是按照从大到小的顺序，确保清晰的秩序）. In 2001, 43, 494 residents of inner London cycled to work. This figure increased to 106, 219 in 2011（a 144% increase）, which was considerably higher than（比较：明显地高于）the percentage increase in the other areas. Over the same period, the number of cycling commuters in Bristol increased from 8, 108 to 15, 768（an increase of 94%）. By contrast（比较）, although outer London had the second largest number of people who cycled to work in each year（33, 836 in 2001 and 49, 070 in 2011）, its percentage increase was the lowest of the twelve areas（45%）（指出增长率的最小值）.

主体段 2：

The other nine areas all had fewer than 10 thousand people cycling to work in 2001 and in 2011, but they also saw a significant increase in the number of cycling commuters over the 10-year period（指出数量上的区别和趋势上的相似之处）. The area of Brighton and Hove saw the biggest percentage change of these nine areas（109%）. The numbers of cycling commuters in Gateshead（816 in 2001 and 1, 314 in 2011）were the lowest of all the areas shown in the table（对于非特征数据，考官则并没有追求“面面俱到”）.

下面我们再来研究 line graph 的主体段怎样写更清晰、有序。

15 example 例题十五（线图 line graph 主体段 8 分范例）

You should spend about 20 minutes on this task.

The graph below shows the number of people at a London underground station from 6:00 to 16:00.

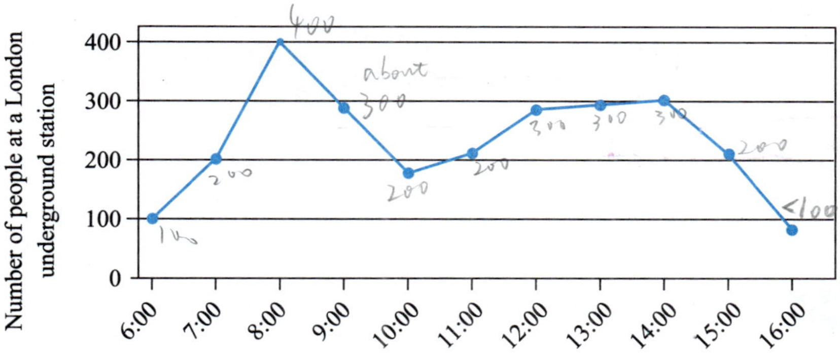

分析：

这个图里存在着时间变化，所以段首句可以概括整体的变化趋势（波动）。段首句后面的“X句”按从左到右的时间顺序来介绍，应特别关注起点、变化趋势、明显的转折点、终点，而对于非特征数据只要适当介绍，不要追求“面面俱到”。

It is clear from the line graph that the number of people using this station fluctuates significantly over the 10 hours.（由于是动态图，所以段首句选择概括数据的整体变化趋势：显著波动）At 6 am the number of people in the station stands at（位于……）100（特征点：起点）. The figure rises dramatically over the next two hours（介绍明显的变化趋势：急剧地上升）, peaking at 400（特征点：高峰值）at 8 am. After that, the figure drops rapidly（介绍明显的趋势：快速地下降）, reaching 180（特征点：明显的转折点）at 10 am. The number of people using the station sees a small rise between 10 o'clock and 12 o'clock, reaching 280 at midday. The figure then remains stable at just under 300 people（不是正好在坐标值上的数据允许目测）over the following two hours（明显的趋势：稳定）. After that, the number of people in the station declines again, ending at its lowest point of 90（特征点：最低值）at 4 pm.

本题只提供了一根线，所以这篇范文对图里的特征点和变化趋势都描述得相当敬业，一丝不苟。但是，对于图里不止有一根线的线图，我们就没有必要、而且也没有时间追求面面俱到了。

我们再来看看含有线图和表格的 p. 202 例题九里面的线图应该怎样描述。

It is clear from the line graph that the quantities of water used for agricultural, industrial and domestic purposes all increased between 1900 and 2000（由于存在时间的变化，所以段首句选择了概括整体的变化趋势）. In 1900, around 500km^3 of water was used for agricultural purposes worldwide, while（比较）the figures for industrial consumption and domestic water consumption stood at（stand at 的过去时：位于……）only around 100km³. By 2000（by + 时间表示“截至这个时间”）, global water use for agriculture had risen to around 3000km³. By contrast, global industrial water use had increased to around half that amount（比较：增长至农业用水量的一半左右）and domestic consumption had only reached around 500km³.

我们再来看一道典型的含有双线的考题。

16 example 例题十六（线图 line graph 主体段满分范例）

You should spend about 20 minutes on this task.

The graph compares the rate of smoking among men and women in Somerland between the years 1960 and 2000.

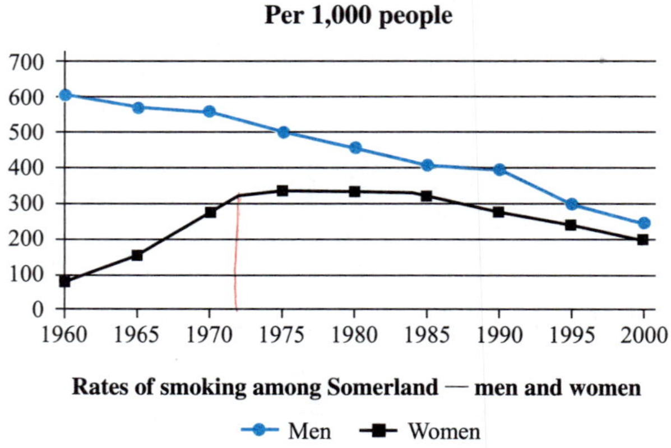

分析：

这个图里有两根线，介绍数据时并不需要“地毯式覆盖”，只要确保不漏掉特征数据就可以了，否则就有可能陷入“越战”似的泥潭当里。

我们来看一下考官满分范文是如何写女烟民人数变化的这个主体段的（男烟民人数变化同理）。这个线图上方标题里的Per 1, 000 people 就是 every 1, 000 people 的意思。

It is clear from the line graph that the rate of smoking among women was consistently lower than（持续低于）the rate for men, but the gap between them gradually narrowed over the 40-year period（图里含有时间变化，所以段首句选择了比较整体趋势：女烟民的比例持续低于男烟民，但在这 40 年里两者之间的差距逐渐缩小）. In 1960, the rate of smoking among women was very low, at only 80 in every 1, 000 women（特征点：起点）.

By 1972（截至 1972 年）this figure had increased steadily to 320 per 1, 000 women（明显的变化趋势：持续地上升）. The rate of female smokers then remained stable at（稳定于……）around 320 until 1984, at which point the figure began to decline（描述特征点：明显的转折点）, reaching 200 per 1, 000 women by 2000（特征点：终点）.

我们再来学习柱状图（bar chart）的高分实例。

17 example 例题十七（柱状图 bar chart 主体段 8 分范例）

You should spend about 20 minutes on this task.

The chart below shows the main reasons for study among students of different age groups.

Reasons for study according to age of student

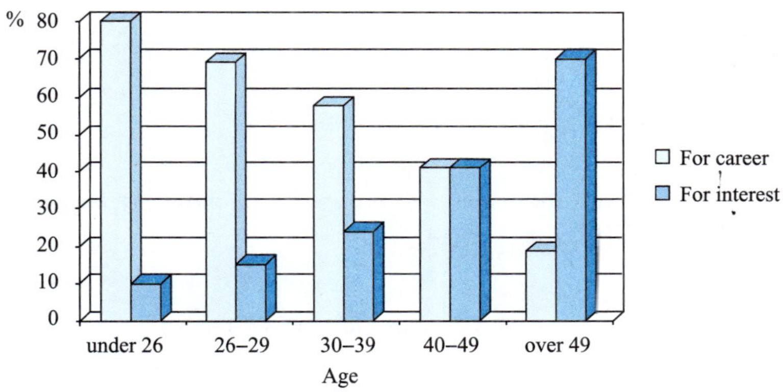

分析：

这道题里有 study for career 和 study for interest 两类柱，而且趋势正好相反，可以各写一个主体段。我们在上节里说过：如果bar chart 里面存在着时间推移，那么就按照从左到右的时间顺序来描述是最清晰的。请特别注意这篇 8 分范文怎样介绍特征数据和明显的变化趋势，以及适当的对比和类比。

主体段 1（本段描述 study for career 出于职业原因而学习的人数所占的百分比）

The bar chart shows that there is a gradual decrease in study for career reasons with age（因为本图里有年龄变化，所以段首句选择了概括整体趋势：逐渐下降）. Around 80% of students aged under 26 study for their career（特征点：起点）. This percentage consistently declines as students get older（明显的变化趋势：持续减少）. Only 40% of students aged between 40 and 49 and 18% of students aged over 49 study for career reasons

（描述终点，请注意：26－29 岁和 30－39 岁这两个非特征点所对应的数据被合理地省略了）.

主体段 2（考生在本段描述 study for interest 出于兴趣而学习的人数所占的百分比）

By contrast（对比），study for interest increases with age（段首句概括整体趋势：随年龄而逐渐上升）. Only 10% of students aged under 26 study out of interest（特征点：起点）. This percentage increases steadily as students get older（明显的变化趋势：稳步上升）. The proportion of students in the 40－49 age group who study for interest is the same as（类比）the figure for those who study for career（around 40%）（不仅应该指出明显的差异，而且当图里明显地存在着两个完全相等或者非常接近的数据时，进行类比也同样是考官们眼里的加分点）. However, 70% of students aged over 49（描述特征点：终止点）study for interest, while（对比）only 18% study for career reasons in this age group.

对 study for interest 的介绍也顺利、清晰地完成了，照章办事"奏是快"。

18 example 例题十八（柱状图 bar chart 主体段 8 分范例）

You should spend about 20 minutes on this task.

The chart below shows the amount of leisure time enjoyed by men and women of different employment status in March, 2002.

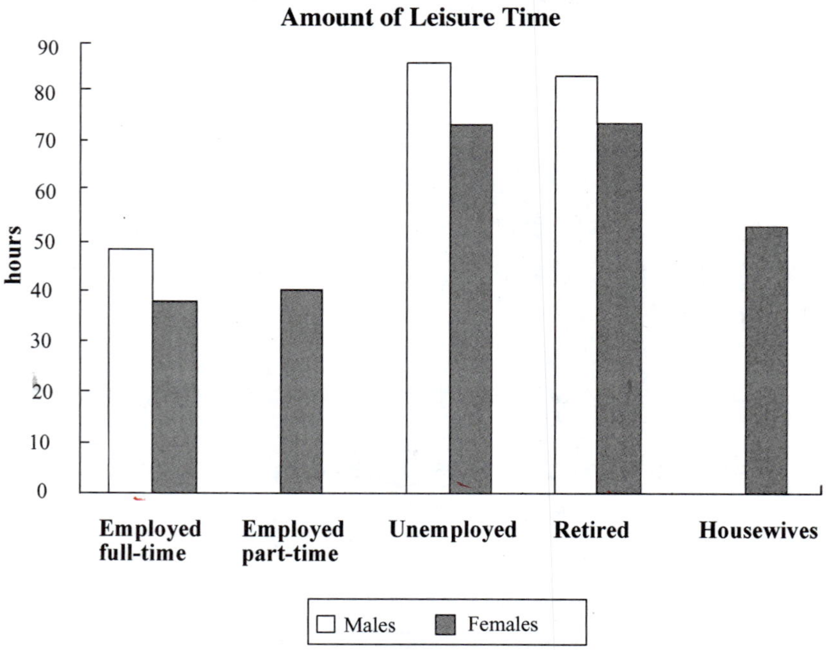

分析：

当图形比较复杂时，应该先考虑怎样合理划分主体段。我们可以怎样对这些看似“无厘头”的柱进行分类呢？

仔细观察这幅图里的 5 组柱可以看出：有两组柱（employed part-time 和 housewives）只提供了女性的数据，却没有提供男性的数据，跟另外三组柱有着很明显的不同，所以我们不妨把这两组特殊情况单独放在一个主体段里来介绍，而把另外三组放在另一个主体段里介绍。在介绍具体的数字时，由于图里并没有出现时间变化，那么按照数值从大到小的排序来进行介绍就能清晰有序了。

主体段 1：

We can see from the bar chart that in the employed full-time, unemployed and retired groups, men enjoyed more leisure time than women（本题里没有出现时间变化，所以该考生在写段首句时就选择了这三组都是男性的休闲时间更多这个明显的总体特征）.（进入细节“X 句”）The men in the unemployed group enjoyed the most leisure time（85 hours）, while（对比）the women in this group only had 75 hours（由于是静态图，所以没有时间顺序，那么先介绍数字最大的一组，就形成了介绍数据的秩序感）. In the group of retirees, males had 83 hours of leisure time, whereas（对比）females had 75 hours. The difference between the figures for males and females in this group（8 hours）was the smallest of these three groups（指出这一组里的男性和女性的数据差别是最小的）. Women who were employed on a full-time basis had the least leisure time（38 hours）（休闲时间最少的一组）. By contrast（对比）, men who worked full-time had 48 hours of leisure time.

主体段 2：

Only the figures for women are given for the groups of part-time employees and housewives, which show that female part-time workers and housewives had 39 and 52 hours of leisure time respectively.

请仔细体会所有这些高分主体段体现出的“先准确地划分主体段，然后在每个主体段里严格地按照合理的顺序介绍数字”的共同特征。

由于 bar chart 的形式本身看起来就比较“呆萌”，所以当 bar chart 数据很多的时候往往会看起来有点“烦人”。但是只要选择合理的介绍顺序并进行恰当的比较，即使再枯燥的 bar chart 也可以很快写完。请看下面这两个难度比较大的 bar charts：

19 example 例题十九（柱状图 bar chart 8分范例）

You should spend about 20 minutes on this task.

The charts below give information about US marriage and divorce rates between 1970 and 2000, and the marital status of adult Americans in two of the years.

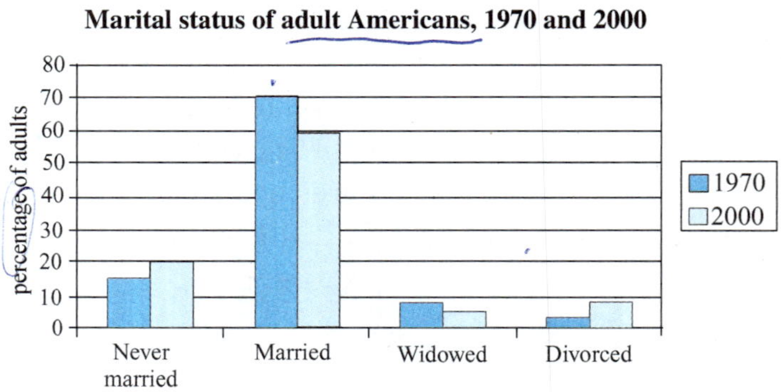

分析：

这样比较复杂的图形会让很多同学感觉“好烦”，其实我们应该坚信 Task 1 小作文的本质是考英语写作。不管图看起来多么“极品”，只要合理地划分主体段，并且把主体段内介绍数据的顺序安排好，就肯定不会出现失控的局面。

主体段 1：

It is clear from the first bar chart that the marriage rate in the US was significantly higher than the divorce rate over the 30-year period（段首句先对两类数据进行了整体的比较，如果您仍然不熟悉段首句的写法，请立即复习 p. 198 的“潜规则”）. The number of marriages remained stable at（明显的趋势：稳定于）2. 5 million（绝不能写 millions）between 1970 and 1980, while（比较）the figure for divorces increased（明显的趋势：上升）from 1 million to 1. 4 million over the same period. The number of marriages then gradually fell to 2 million over the following twenty years（明显的趋势：逐渐下降，注意合理地省略了 1990 年的非特征数据）. Similarly（类比，指出相似的趋势），the figure for divorces also showed a downward trend，reaching 1.1 million in 1990 and 1 million in 2000（抓住特征数字并进行适当的比较，不需要"面面俱到"）.

主体段 2：

The second bar chart shows that married people accounted for（占……）the largest proportion of the American adult population in both 1970 and 2000（70% and 59% respectively）（段首句概括了从整体来看哪一类数据是最大值）. The percentage of adult Americans who were never married was 14% in 1970 and it increased to 20% in 2000（介绍第二多的数值，有序才能清晰）. By contrast（对比），people who were widowed represented（占……）8% of the US adult population in 1970 and the figure declined to 6% in 2000. It is particularly noticeable that（尤其值得注意的是）although divorced people only constituted（占……）2% of the adult population of the US in 1970，in 2000 the figure was 9%（a 4.5 times increase）.

IELTS 小作文考试里面的柱状图通常都是常规的 bar chart，上面这道考题已经是难度比较大的 bar chart 真题了。真题库里还有少量"恐怖片儿"级别的 bar chart，备考时间充裕的同学如果有兴趣可以参阅本书高分卷 F 里的考题 1 和考题 2。

20 example 例题二十（饼图 pie chart 主体段范例）

You should spend about 20 minutes on this task.

The graph below shows the demand for electricity in England during typical days in winter and summer. The pie chart shows how electricity is used in an average English home.

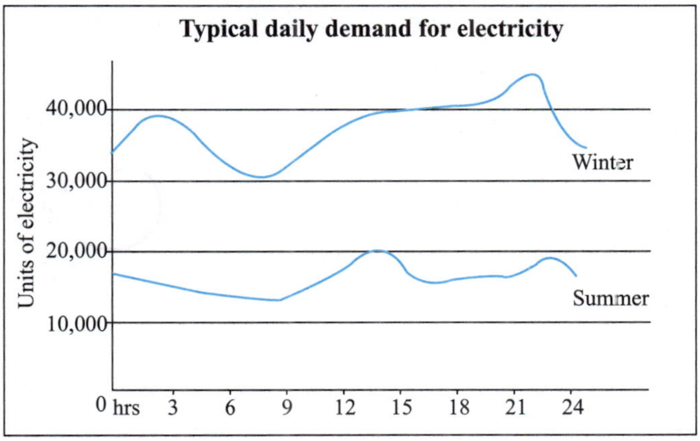

What the electricity is used for:

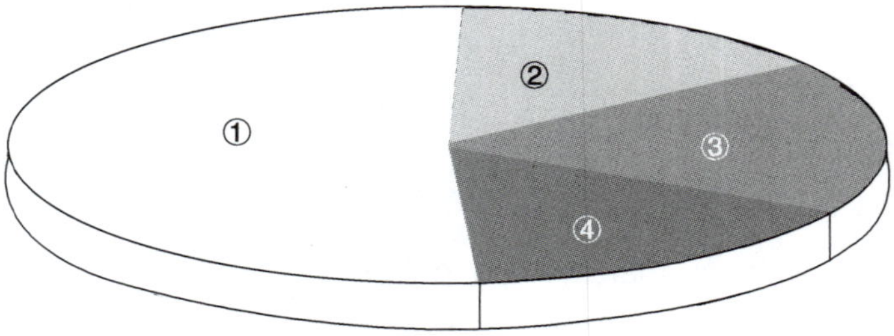

① 52.5% Heating rooms, heating water
② 17.5% Ovens, kettles, washing machines
③ 15% Lighting, TV, radio
④ 15% Vacuum cleaners, food mixers, electric tools

分析：

开头段可以立刻改写为：

The line graph compares the need for electricity in England during typical days in two seasons, while the pie chart illustrates how electricity is used in an average English household.

下面这个 pie chart 的高分范例按照所占份额从大到小的顺序来描述饼图里面的各部分，这是剑桥范文里描述饼图时最常见的顺序。同时请您特别注意这个主体段里的蓝色短语，它们在介绍饼图的各部分所占的百分比时极为常用：

It is clear that the electricity is used for four purposes. Heating rooms and water accounts for the highest proportion (52.5%)(最大值) of the total amount of electricity used, while (比较) the running of ovens, kettles and washing machines constitutes 17.5% of the total consumption of electricity. Lighting, TV and the radio represent the same proportion (15%) of power consumption as vacuum cleaners, food mixers and electric tools do (如果图里有完全相等或者非常相近的数字也别忘了进行类比).

特别提示： ① 上述这个主体段里的几个蓝色词汇是描述百分比时特别常用的动词，请务必记熟。② 如果想用括号介绍具体数字，请特别注意：括号里的数字是放在它所对应名词的后面而不是前面。例如：

The main causes were over-cultivation (3.3%) and over-grazing (1.5%). (剑8例句)

21 example **例题二十一**（饼图 pie chart 满分范例）

You should spend about 20 minutes on this task.

The charts below illustrate the annual spending (每年的开支) by a UK school in 1981, 1991 and 2001.

Total School Spending 1981

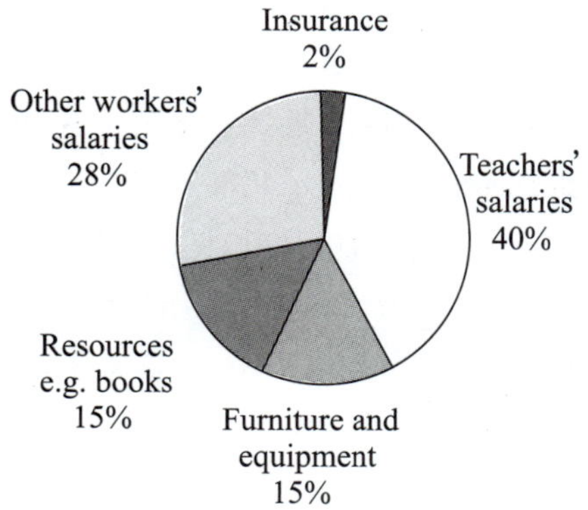

Total School Spending 1991

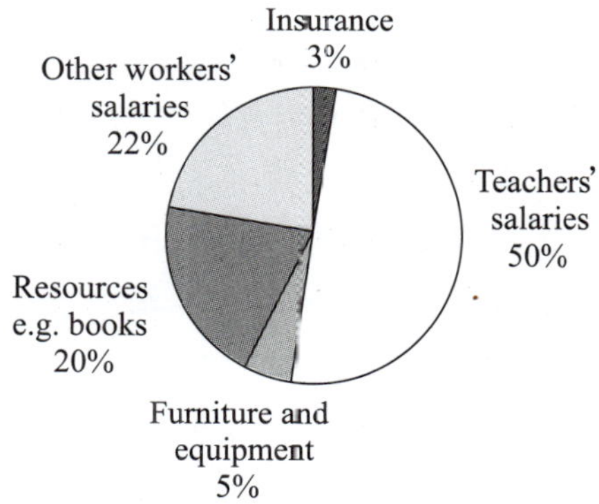

Total School Spending 2001

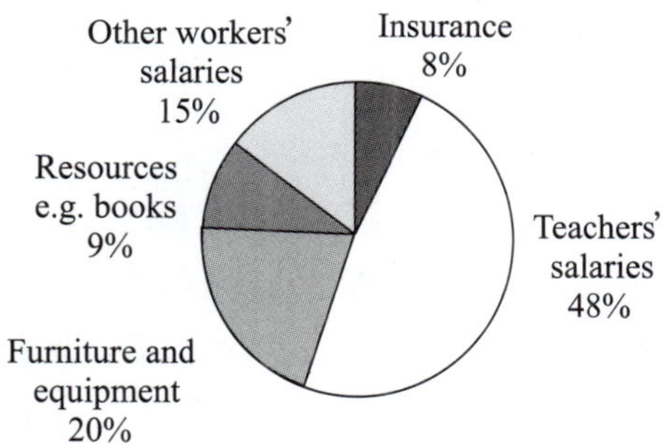

分析：

这道真题里面的数据看起来非常杂乱，很多考生考完后都控诉剑桥出这样的题“毫无道德下限”。确实，对包含线、柱、饼特别多的考题，如果介绍的顺序选择不合理就很容易出现“考的不是能力而是毅力”的情况。但这样的难题其实并非无解。

其实，对于含有多个“大饼”的考题，除了对每个饼各写一个主体段（这种写法很容易导致每一段介绍数据的过程雷同而且枯燥）之外，我们也可以把每个饼里存在着对应关系的数据分别提取出来进行比较。这样把对应数据提取出来写的好处是：我们可以立刻看出各项数据在不同年代之间的变化情况。例如，下面这篇剑桥满分范文就是用这种“**对应提取法**”，很轻松地完成了对于三个“大饼”的介绍（这种方法的更多应用实例在本书的高分卷F）。

开头段：

The pie charts show how much a UK school spent on different running costs in three separate years：1981，1991 and 2001.

主体段1：

It is clear that in all three years，teachers' pay accounted for the largest cost of running the school（把占百分比最高的教师工资数据提取出来进行介绍，坚持合理的介绍顺序就是官方范文读起来总是特别清晰的秘诀）. This cost increased from 40% to 50% of total spending between 1981 and 1991，and then fell slightly to 48% in 2001（对应提取的好处就是各年代之间的变化能看得非常清楚）. By contrast（对比），although other workers' salaries represented the second highest cost in 1981 and 1991（28% and 22% respectively）（把占百分比第二高的其他员工工资提取出来进行介绍），the figure had decreased significantly to only 15% by 2001.

主体段2：

Spending on resources such as books（开始提取三个饼里“图书等资源”的开支）had increased from 15% to 20% by 1991，before it decreased to only 9% in 2001. The cost of furniture and equipment（轮到三个饼里的家具和设备费用了）saw an opposite trend（提取时也不忘对比：呈现出相反的趋势）. This cost had declined from 15% to only 5% of total spending by 1991，but rose dramatically in 2001 when it made up（make up 的过去时，也表示“占……”）20% of the total spending. Similarly（看到相似之处也别忘了类比），the cost of insurance saw a rising trend，growing from only 2% to 8% by 2001（占百分比最少的一类开支 insurance 也对应提取完毕，1991 年的保险开支 3% 因为既不是起点、终点，也不是转折点，所以就自然省略了，剑桥范文其实重视的是 main features，而不是“事无巨细”）.

结尾段：

Overall，teachers' salaries constituted（占……）the largest cost to the school，and although spending increased dramatically for equipment and insurance，there were decreases in spending on things such as books and on other workers' salaries（结尾段其实就是对主体段的数据进行了整体概括，图表题的结论仍然不能离开图里面明确给出的信息，更不能“自由发挥”）.

"**对应提取法**"应该已经让您对含有多个饼图、而且每一个饼图里面又含有很多份的难题有了豁然开朗的感觉。现在，请快速回答下面的问题：

思考：(i) p. 181 例题二的两个 pie charts 里有哪几类学生从 2000 年到 2010 年的数据是上升的？哪几类学生从 2000 年到 2010 年的数据下降了？哪一类学生在 2010 年的数据和 2000 的数据是保持不变的？

(ii)（《剑 11》p. 30）

You should spend about 20 minutes on this task.

The charts below show the percentage of water used for different purposes in six areas of the world.

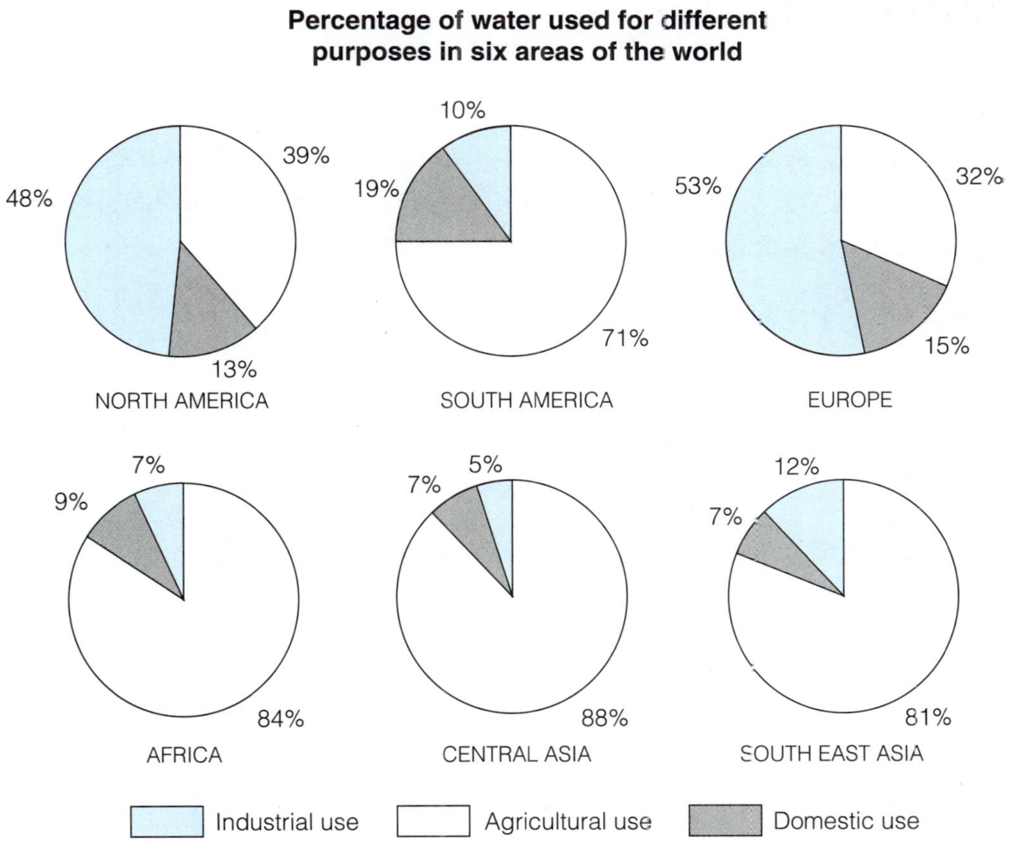

像这样看似无解的"神题"，用对应提取法立刻就可以迎刃而解。请思考：

这道题你是会写 6 个主体段（那么加上开头和结尾可就是 8 段了，没有点儿"修行"

精神真不见得能够写完)，还是会从六个饼里对应提取出 industrial use，agricultural use 和 domestic use 的三类数据写出 3 个主体段？如果决定写 3 个主体段，那么在每一种用途各自对应的主体段里你会按照怎样的顺序介绍数据？是按第一个饼，第二个饼……直到第六个饼的自然顺序，还是按照数值从大到小的顺序来排序更能体现你的比较意识？

> 以上我们分析的这些例题已经覆盖了雅思小作文的所有常规题型。希望您认真学习这些主体段的思路和具体写法，确保对每一种常考图形都“有备无患”。

小作文结尾段的写法：写 1～2 句，第一句写总数（如果题目里确实给出了总数的话），第二句做结论

关于 Task 1 小作文是否一定要有结论，考官们之间其实是有不同见解的。但是，从《剑 4》～《剑 11》里面的考官满分范文来看，绝大多数都在小作文的结尾给出了明确的结论（也包括《剑 11》p. 138 的 7 分考生作文）。所以，Pat 建议您如果时间够的话，还是在小作文结尾写一个结论更稳妥，而且小作文的结论也并不难写。

关于结尾段，要注意两点：

❶ 如果题目里出现了 total（总数），那么最好不要在主体段里介绍，放到结尾段的第一句话介绍会让全文的结构清晰很多。但是，如果题目里面并没有明确给出 total，那么结尾段就不要写总数了，一定不要自己去“求和”。

比如 p. 205 例题十表格题的结尾段第一句话就可以这样来介绍总数：

The total number of sales for the month was 3134 (1474 to college students, 1051 to book club members, 405 to the staff and 204 to the public).

❷ 结尾段里的结论只要是合理并且确实是基于图里所给出的数据，而不是自己任意想象、“添油加醋”编造出来的就是可以接受的，即使是考官们自己也并不希望把结论想得过于深奥。

例如 p. 214 的例题十六，两根线分别是介绍男女烟民人数比例在 40 年里的变化，所以考官满分范文结尾段的结论就是总体概括：

It is clear that although the rate of smoking among men decreased throughout the 40-year period, it was consistently higher（持续高于）than the figure for women.

对于 p. 188 的例题五，官方范文给出的结论则是：

Overall, the line graph shows how the consumption of chicken increased dramatically while the popularity of the other three kinds of food decreased over the 25-year period.

就是简单概括鸡肉的消费量急剧上升，而这 25 年里另外三种食品的受欢迎程度下降，算不上“精辟”，也不是严格的“数理分析”，但对于 IELTS 小作文来说已经很好了。

又比如，p. 209 的例题十三由剑桥提供的 7 分考生范文对六个城市地铁系统的使用年限、公里数和每年运送乘客人数的数据所做的结论：

In summary, the underground railway systems in different cities vary significantly（明显存在着差异）in the site of the system, the number of passengers served per year and the age of the system.

只说不同城市的地铁系统在这三个方面明显存在着差异（这实际上是废话），像这样的 7 分结尾段其实已经是有点“应付了事”了。

可见：小作文的结论并没有唯一的正确答案，只要保证客观（也就是确实是基于题目所给出的信息、不是凭空想象的）即可。对于含有多个图的题，如果能在各图之间适当解释一下联系当然更好，但是如果看不出任何联系，那么就把各图再简单概括一下同样也是剑桥官方范文里常用的结论方式。

小作文的语法和用词 7 宗罪

细节错误总结

我们学过大作文里的语法七宗罪。中国同学在写小作文时最常犯的细节错误总结起来也正好是 7 类，请您试着找出下面每句话里的语法或者用词错误：

1) The number of cars in the UK increased from 21.9 millions to 29.6 millions.（　　）

2) Between 1980 and 1990, beef consumption arise from 70 pounds to 93 pounds per person per year.（　　）

3. The average house price in the UK reduced from £199, 600 in 2007 to £156, 700 in 2009. (　　　)

4. The figure of France fell slightly, from 4. 8 million travellers in 1990 to 4. 6 million travellers in 1992. (　　　)

5. The per cent of people using their mobile phones to access the Internet rose to 39% in 2005. (　　　)

6. The number of car users increased gradually, the number of bus users fell steadily. (　　　)

7. In 2005, consumers spend an average of $680 on mobile phone services. (　　　)

✓ **解说：**

小作文语法和用词的第 1 宗罪：

应改为：21. 9 million 和 29. 6 million。在 IELTS 写作试卷上给出表示泛指的图形单位确实曾出现过 thousands，millions，billions 这样的特殊写法。但是请牢记：在你自己的作文里介绍具体数字时，必须对 thousand，million 和 billion 保持单数形式※，否则考官对你扣分没商量。

小作文语法和用词的第 2 宗罪：

rise 的正确过去式是 rose。Pat 一直很好奇为什么中国同学们在小作文里表示上升时对 arise 这个单词“不离不弃”。其实在地道英文里 arise 根本就不是指上升，而是指某种现象发生、出现，可以把它看成严肃版的 happen。

※ 在地道英文里如果用 thousand，million 等来泛指“成千上万”、“数百万”等这类虚数概念，则可以给它们加复数，但是在强调客观性的 IELTS 小作文里，从来不使用像 thousands of people “成千上万的人们”这样泛泛而谈的介绍。

小作文语法和用词的第 3 宗罪：

在小作文里表示下降时不能使用 reduce，而应该用 fall（过去时：fell）/ decrease（过去时：decreased）等来表示。

小作文语法和用词的第 4 宗罪：

the figure for（复数：the figures for）是表示"某类人或某类物的数字"很拿分的一个表达。但如果你不小心误写成了 the figure of ╳，不但不拿分，反而要扣分。注意三个正确的搭配是：the figure for ...（它的用法很广，后面跟可数名词复数或者不可数名词单数都可以），the number of ...（它的后面跟可数名词复数），the amount of ...（它的后面跟不可数名词单数）。

小作文语法和用词的第 5 宗罪：

把 percentage 错写成了 per cent。只要图里出现百分数，就一定会有大量中国同学把它们混用。

其实 per cent 永远只能用在具体的百分数里，它的作用就相当于一个百分号（%）。但你现在能记住，在考场里的"眩晕"状态下还是有"胡来"的可能。因此，最实战的解决办法是：（1）当定量地写具体的百分数时，就坚定地使用百分号的形式（x%），例如：10.3%，15.7%等；（2）当定性地描述某类人或者某类物所占的百分比有什么特点时，就坚定地使用 the percentage of 这个短语，例如：the percentage of people aged 60 or more，the percentage of Internet users 等。也就是说：你在考试时只用 %（前面写阿拉伯数字）和 percentage（前面写 the，后面写 of），就彻底绕开了 per cent，你就再也不会因为在考场里纠结 percentage 和 per cent 而浪费时间或者被扣分了，先把雅思过了再说。

小作文语法和用词的第 6 宗罪：

两套形成对比关系的主谓结构放在一个句子里，句首和句中却都没有连接词。可以在句首（或者在逗号和 the number of bus users 之间）补上 while 来改正。再次提示：while 的后面不能紧接着写逗号。

小作文语法和用词的第 7 宗罪：

写过去的数据却用现在时，而且 spend 的过去式是 spent，注意不能写成 spended ╳。雅思小作文时态的完整确定方法详述请看今天的最后一节。

如何打破小作文的时态魔咒？

IELTS 小作文的时态定律

★ Task 1 小作文的时态完全遵循英文写作里的 “时态与发生时间一一对应” 的法则。

★ 对于 “此图展示了……”、“由此图可以看出……” 这类陈述永恒事实的句型，主句的谓语动词必定使用一般现在时。例如：

The line graph shows / The bar chart illustrates 或者 The charts compare … / We can see from the pie chart that… / It is clear from the line graph that…等（但请注意：在这些动词后面由 that 和 how 引导的从句里面出现的动词则仍然需要根据题目所给的具体时间来确定动词时态）；

★ 主体段内部所有介绍具体数据或者变化趋势的动词，均根据其所对应的具体时间来确定时态，也就是：介绍过去时间的数据或趋势就用过去时，介绍将来时间的数据或趋势就用将来时；

★ 如果题目里面没有出现时间（是的，大约有五分之一的雅思小作文考题不含具体时间），那么就全文都使用一般现在时。

请您根据 p. 188 例题五里的线图，并结合小作文的四条 “时态定律”，为下面的每一个动词选用正确的形式（时态和单复数都必须正确），填入各括号里：

（1） The line graph (　　　　) （动词 1：illustrate） changes in the amounts of beef, lamb, chicken and fish consumed in the UK between 1979 and 2004.

（2） In 1979, beef (　　　　) （动词 2：is） the most popular type, with about 220 grams consumed per person per week, while lamb and chicken (　　　　) （动词 3：is） eaten in similar amounts（around 150 grams）.

（3） Over the 25-year period, the consumption of beef and lamb (　　　　) （动词 4：fall） dramatically to 100 grams and 55 grams respectively.

(4) The consumption of fish also (　　　　) (动词 5：decline), but less significantly, to around 45 grams per person per week.

(5) By contrast, the consumption of chicken (　　　　) (动词 6：show) an upward trend. By 2004 it (　　　　) (动词 7：increase) to almost 250 grams per person per week.

(6) Overall, the line graph (　　　　) (动词 8：show) that the consumption of chicken (　　　　) (动词 9：rise) dramatically while the consumption of beef, lamb and fish (　　　　) (动词 10：decrease) over the 25-year period.

答案

动词 1　illustrates

说明： 这段里的谓语动词 illustrate "展示……" 是介绍图形作用的永恒事实，所以应该使用一般现在时。同时，因为主语是单数（line graph），所以要用 illustrates 的"单三"形式才能保证主谓单复数一致。

动词 2　was　　**动词 3**　were　　**动词 4**　fell

动词 5　declined　　**动词 6**　showed

动词 7　had increased

说明： by 2004（截止至 2004 年）是指"过去的过去"。在地道英文里，当遇到by + 过去时间的情况时，谓语动词通常使用过去完成时（所以这句话里用 had increased）。

《剑 10》例句：By 2004, sales figures for both products had risen across the board.（截止至 2004 年，表示"过去的过去"，所以动词使用了过去完成时 had risen）

《剑 9》例句：These calls had fallen back to the 1995 figure by 2002.（截止至 2002 年，也是表示"过去的过去"，所以动词同样使用了过去完成时 had fallen）

动词 8　shows　　**动词 9**　rose

动词 10　decreased

说明： The line graph shows（这个线图展示了……）是介绍该图形作用的永恒事实，

所以动词应该用一般现在时（主语是单数，所以动词要用“单三”形式）。但是在 shows 后面的 how 从句里的动词则是总结过去的变化趋势，所以应该使用过去时，这与我们刚刚讲过的定律也完全一致。

每日一练 Question of the Day

语法和词汇改错练习

找出下面句子里的语法或用词错误，并请说明怎样改正。

01 The figure of women rose from 19% in 2009 to 27% in 2013.

02 The market value of New Hampshire's agricultural products fall from $199 millions in 2007 to $190 millions in 2012.

03 The per cent of Americans living in poverty rose to 14. 7% in 2009.

高频短语翻译练习

音频下载 writing.cmpbook.com

请您登录本书附赠的音频卡上的网址，进入下载页面后，找到“小作文最常用的短语翻译练习”这个文件，并在一张空白的横格纸上写出您的答案。

练习答案 Answer Key

语法和词汇改错练习答案

1 the figure 后面的正确介词搭配是 for ...

2 描述过去时间的数据要用过去时态。fall（下降）的过去式是 fell（注意：不是 felled ╳），同时请注意 million 在小作文里必须保持单数

3 the percentage of √ 是正确的搭配，而 the per cent of ╳ 则是让考官“找不着北”的错误写法

Mission Statement

— 流程图的4个要点

— 流程图的逻辑框架

Day 10

关于流程图的恶狼传说

The Ultimate Template for Process Diagrams

“嗷……嗷……”

每次考前，一定都会听到那个恶狼的传说：“这次要考流程图啦！”而每次Pat给同学们的回应都是：“如果真的考那我太高兴了，因为流程图比其他图表都更好写、更容易得高分。”

不论您是否会在自己考的那场遇到流程图，没有练过流程图的人生都是一种不完整的人生。

— *Pat*

在你对传说当中的流程图感到“肝儿颤”的时候，你确信自己真的了解什么叫流程图么？而且，你是否明白：

剑桥考流程图仍然是为了考查学生的英文写作描述能力，而不是“智力测验”。只要你不怕它，静下心来看，你会发现，流程图是不可能真的有过于怪诞的题目的。

我们今天就把高高在上的 process diagram 降到我们完全能够俯视的水平。

从最近 10 年的总体规律来看，通常每隔 3 ~4 个月就会出现一次图画题，所以如果在您考试之前的 2 ~3 个月内一直没出现过流程图，那么就应该关注它一下了。（图画题的另一种类型 Map 地图题您可以在十天系列的范文集《IELTS 写作完整真题库与范文全解》Day 10 里见到详尽说明。）

为什么大家会觉得流程图难？根本原因是因为它并不是纯粹的图表题，而有点像是介于图表题和论说文之间的一个“灰色”种类。但我们只要注意了流程图的 4 个要点，就完全可以准确地把握住它的特点。

流程图的 4 要素

❶ 流程图的信息比数学图表更零散，而且是“一环扣一环”的。因此，在看图时必须更加仔细。决不能漏掉任何一个细节，否则有可能会导致对整个流程的误读。

❷ 流程图里面存在生词是完全正常的。即使给你一幅中文的流程图，里面有的技术用语你也可能不认识，所以 process diagram（流程图）里出现生词真的是再正常不过的事了。生词多数都是名词或动词，而且生词旁边还配有解释性的图画，我们虽然不一定能准确地猜出它的意思，至少大方向是可以猜出来的。对待流程图里面生词的最好方法就是直接抄到文章里，然后不再理它，根本不影响我们写作（操作实例请看本章最后一节）。

❸ 表示顺序的单词或者短语一定要多用。什么叫流程图?就是描述一个过程的图。所以必须要充分使用下面的词汇和短语才能把过程描述清楚：

At the first stage of（或者 in）the process，… / First / First of all，…（还可以写 The process begins with the … 但是这个省略号里要写名词或者名词短语，而不能写主谓结构）

At the second（或者 third / fourth 等）stage，…（注意 fourth 的拼写 √ ，不是 forth ×）

After this，（英式英语里更常用）/ After that，（美式英语里更常用） = Next， = At the next stage of（或者 in）the process， = At the following stage of（或者 in）the process，

then（注意：在流程图作文里，then 既可以放在句首，也可以放在被动语态里的 be 动词和过去分词之间，这两种写法都很地道）

例句： Then, the information is sent back to the server. = The information is then sent back to the server.

At this stage，/ At this point，（在这个阶段）

Finally，（如果您"赶脚"全过程非常曲折，那么也可以用 eventually 这个词，它的语气有点像中文说的"总算是……"。但是要注意：如果全过程并不是非常曲折，那么就请坚定地使用 finally，而且在雅思议论文里也是不允许用 eventually 代替 finally 的）

有了这些表示顺序的连接词，流程图作文就有了骨骼，再加入内容就是水到渠成的事了。

④ 如果发现流程图特别复杂，那么就合并成几个大步来写。 当你面对一幅包含有十几个小图的流程图时，你是否会感觉一切线、条、饼其实都只是浮云？但你只要仔细研究就会发现，如果一个流程图里真的有一大堆小图，那么只有一种可能：就是一定可以把这些小图合并成几个大的阶段来介绍（否则 100% 会写不完）。而且，最棒的是，当这种情况真的出现时，题目里面一定会有某些细节暗示我们怎样把小图合并成大的阶段。剑桥出题其实真的是很科学而且考虑得非常周到的。

好，流程图的 4 个要素都讲了，下面开始结合实例深入讲解。

面对流程图，连考官也只能“从了”

在前面的大作文部分 Pat 曾明确指出：只要在考前充分了解 IELTS 作文的特点并且熟悉真题库，是完全可以在考场中不依靠模板、凭自己的实力原创出高质量的大作文的。

但是，对于流程图这种近十年来平均每 3 ~4 个月出现一次的另类小作文来说，不管一个考生多么有个性，模板却是必不可少的。因为流程图作文的本质就是一种科技说明文，所以在描述它的时候，即使是用母语写作的人也很难“免俗”，不得不使用一些固定的套话。

比如，Cambridge English Language Assessment 官方给出的这篇剑桥考官满分范文里就含有异常明显的套路（请特别注意下面蓝色字的部分）：

The first diagram shows that there are four main stages in the life of the silkworm.

First of all, eggs are produced by the moth and it takes ten days for each egg to become a silkworm larva that feeds on mulberry leaves. This stage lasts for up to six weeks until the larva produces a cocoon of silk thread around itself. After a period of about three weeks, the adult moths eventually（在今天的开始处我们已经见过这个词，它强烈暗示是经过了漫长曲折的过程之后，如果只是普通的操作过程，那么就还是平淡是真的 finally 更好）emerge from these cocoons and the life cycle begins again.

The cocoons are the raw material used for the production of silk cloth. Once selected, they are boiled in water and the threads can be separated in the unwinding stage. Each thread is between 300 and 900 metres long, which means that they can be twisted together, dyed and then used to produce cloth in the weaving stage.

Overall, the diagrams show that the cocoon stage of the silkworm can be used to produce silk cloth through a very simple process.

对吧？剑桥考官自己在流程图范文里也极为明显地使用了表示顺序的套话。而且，本文里使用了大量的被动语态形式，这也是剑桥官方流程图范文的语言特色之一。

不过这道题比较特殊，因为它讲的是循环往复的过程，而雅思考试中的多数流程图则并不是循环的，而是一步一步向前推进的。那么对于这类题目又应该如何去写好呢？

真题放送

真题一

You should spend about 20 minutes on this task.

The diagram below shows how The Australian Bureau of Meteorology collects up-to-the-minute information on the weather in order to produce reliable forecasts.

Write at least 150 words.

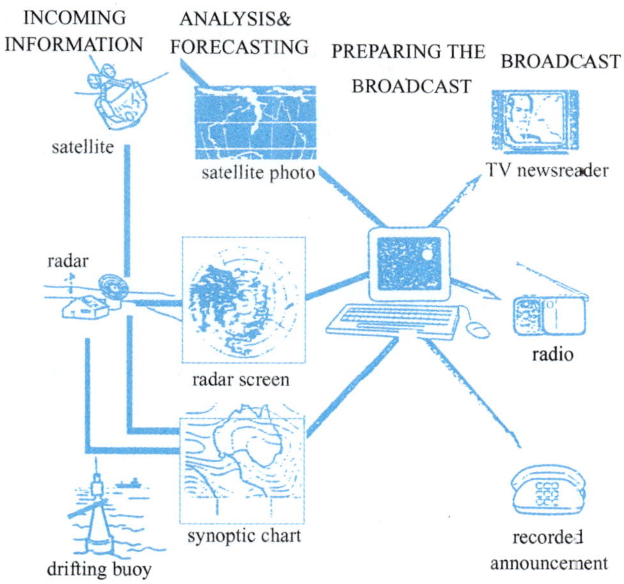

分析:

这道题应该算是一道超级典型的流程图了。它满足了我们对于 process diagram 的一切幻想：**生词无数、N 多小图、**而且还有**迷宫般的网络**。

但是请你暂时抛开心里的恐惧感，静下心来用我们讲过的 4 个要素来衡量一下。

❶ **这个图的信息绝对分散。**所以你一定要保证每个图和每个字都看见了，而且即使对于不认识的单词也要看一下。

❷ **题目里有很多生词。**但我们基本能够猜出这个图是讲澳洲的某个机构收集天气信息、加工然后再播放的一个流程。有些生词，比如图左下角的 drifting buoy 可以猜出是在水上收

集天气信息的一种装置，那么抄到文章里就好了，至于它具体是什么根本没必要知道准确含义。

❸ 描述好这个图肯定要用很多表示顺序的连接词或短语。

❹ 这么分散的图肯定要合并成几个大步来写。分成几大步最好呢?有的同学可能说三大步，就是按照卫星、雷达和浮标（drifting buoy）这样分别写三步。这样写在逻辑上是正确的，但信息看起来还是比较乱。那么有没有更好的分步方法呢?

您可以仔细看一下，在这个流程图的上方有4组大写的英文单词，分别是：

incoming information	信息接收
analysis & forecasting	分析和预报
preparing the broadcast	准备播放
broadcast	播放

官方范文正是按照这样的四步，很清晰地说明了整个流程。

范文：

开头段转述原题（illustrate 的后面如果是 how，那么后面就要写从句，也就是写一个主谓宾或者主系表结构）

The process diagram illustrates how the Australian Bureau of Meteorology forecasts the weather.

主体段（特别注意表示顺序的词语，以及动词被动形式的密集使用）

There are four main stages in the weather forecast process. The process begins with the collection of weather data. At this stage, information about the weather is collected from outer space, on land and at sea, with satellites, radars, and drifting buoys respectively（分别地）. The information about the weather is then analysed（then 被夹在被动语态里的 be 动词和过去分词之间，这是流程图作文里对于 then 的最典型用法）by weather forecast experts, who study the satellite photos, radar screens, and synoptic charts to forecast the weather. At the third stage in the process, the weather forecast is prepared for broadcast, which is done on computers. Finally, the weather forecast is broadcast（在英式英语里这个词的被动形式可不加-ed）to the public on TV, on the radio or as a recorded telephone announcement.

In summary, the process diagram shows how information on the weather is collected, analysed, prepared for presentation, and finally delivered to the public by the Australian Bureau of Meteorology.

结尾段（1~2句）

看起来这么"神"的一道题，使用恰当的结构、表示顺序的词语和正确的动词被动形式，很快就完成了。

我们再看一道看似很困难的流程图。

真题二

The diagram below shows the shaping and growth of the forests in Yellowstone National Park after a fire disaster.

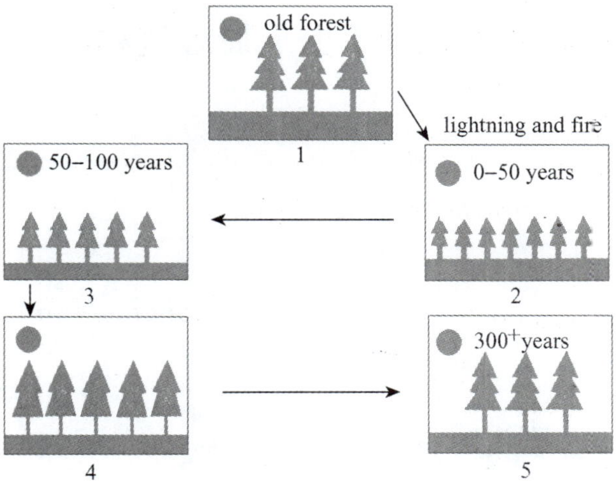

分析:

这道题里的信息和生词都比上一道题少，但是看图仍然要仔细。很明显，从第二个图到第三个图，树的总数减少了，从第四个图到第五个图也同样出现了树的总量减少。

请看下面的本题范文，并且认真体会对表示顺序的词语的正确使用。

范文:

The process diagram illustrates the main stages in the recovery（恢复）process of a forest in Yellowstone National Park after a devastating（破坏性很大的）forest fire.

It is clear from the process diagram that the old forest is destroyed by lightning and fire. During the first 50 years after the forest fire, many young trees appear in the burned area. Although some of them continue to grow over the second 50 years, the total number of trees in this area decreases. At the next stage of the recovery process, the number of trees remains stable and they continue to grow in size for two centuries. After that, the total number of trees in this area falls again, eventually becoming similar to that of the old forest.

Overall, the process diagram shows that it can take 300 years or more for a forest in Yellowstone National Park to fully recover from a devastating wildfire.

所以，还是想跟您强调：只要记准4个要素，流程图不仅可以战胜，甚至可能会比数学图表更好写，请一定克服对流程图的恐惧心理，从容面对。

词汇量不够，如何读懂《剑8》里的“史上最难流程图”

The diagrams below show the stages and equipment used in the cement-making process, and how cement is used to produce concrete for building purposes.

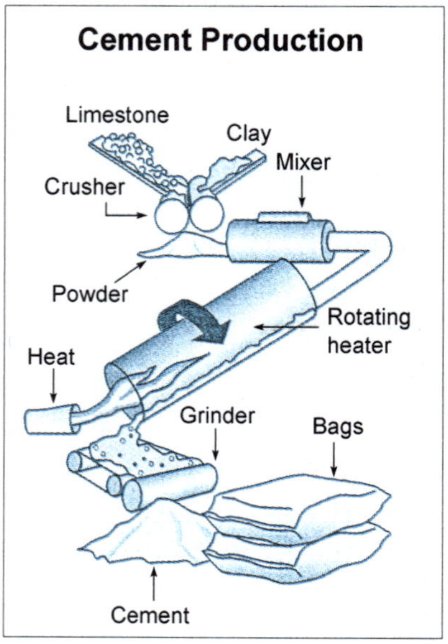

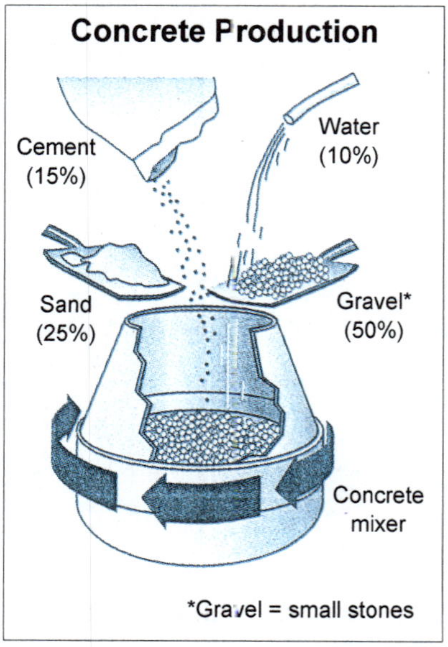

深入分析：

这是神马……真是怕什么来什么，甚至有的孩子一看见图就说 "唉吗，连福岛核电站都拿出来考了！" 而且不仅是中国孩子们，Pat 把这两幅图拿给我的一些老美朋友看过，他们/她们刚看到这两幅图（尤其是左边这幅）的时候眼神儿也明显发直。

诚然，这道考题是 BT 的。问题是：是否真的已经难到了没法写的程度?Fair enough. 我们就按照最不利的情况（the worst-case scenario）假设，看看一个仅具有初中词汇水平的考生（考虑到图里有两个难词 cement 和 concrete 都是 c 开头的，我们不妨称之为小 c）到底能从这两个图里面看出哪些信息（如果他 / 她并没有被两幅图的雷人形式吓倒的话）。

在小 c 眼中，左边这幅图描述的肯定是制造某种东西的加工过程（悲催的小 c 不认识标题里的 cement 这个词），第二幅则是制造另一种东西（从小就痛恨英语的小 c 同时也不认识 concrete 这个词）的方法，整个过程基本就是把第一种制造出来的东西跟水、沙子、小石子按照不同的百分比（英语虽然不行，但小 c 的数学还是不错的）全都倒在一个 "大锅" 里，然后 mix。

接着，小 c 就需要凭借他/她少得可怜的词汇量来 "猜出" 尽可能多的词汇信息了。请您跟小 c 一起静下心来按顺序看图：第一幅图左上角的 limestone 小 c 很可能也不认识，但能猜出是某种 "石头"（其实是石灰石），这就已经足够了。clay 这个生词小 c 没有线索可供猜测，但可以确定它肯定也是一种 material。crusher 小 c 依然不认识，但从词性来看 crusher 应该是某种人或者某种机器（从图里的内容可以基本排除是某种人的可能性），而且看样子 crush 应该还是一个动词（其实是压碎的意思），写作文的时候也许还可以借这个动词用一下。powder 继续不认识，但它是第一步的成果，当宾语直接抄进对第一步的描述也够用了。

mixer 小 c 还是没问题的，搅拌机嘛。同样还可以对 grinder 进行 "合法的" 猜测（只要知道是某种机器对于写这篇作文来说就已经够用了）。此外，像 heater 和 bags 这些词就不用猜了，简直是侮辱聪明的小 c 的智商。rotating 不知道是什么东东，但图里画的表示旋转的箭头说明它很可能是跟转动有关的。至于右边的第二个图，小 c 定睛一看：Wow！除了 concrete 依然不认识之外竟然只有 gravel 一个生词，而且剑桥的叔叔阿姨们居然还特意给了个星号来说明 gravel = small stones，感激涕零，终于明白了啥叫人性化考试……

勇敢的小 c 知道了这么多，再加上考前准备的改写原题、介绍顺序的词语等相关知识，文章已经自然地出来了（当然了，下面的高分范文不是小 c，而是小 p 写的，你可以不必写成这样，但如果你因为恐惧根本就不敢写、甚至都不敢深入地看题，那可就是你的错了）

The process diagrams illustrate the main steps（地道英文在介绍制造工艺和操作过程的流程图里经常会用 step 来表示 "步骤"）in cement production and how cement is used in the manufacture of concrete for construction purposes.

It is clear that the cement-making process begins with the raw materials — i. e. , limestone and clay, being crushed into powder in a crusher. The powder is blended in a mixer at the next stage of the process, and then transported to a rotating heater. After being heated in the heater, the compound is fed to a grinder and ground into cement, which is then packed into bags.

After the cement is prepared, it is mixed in a revolving concrete mixer with water, sand and gravel in the proportion of 15% : 10% : 25% : 50% to produce concrete, as shown in the second process diagram.

In summary, the two process diagrams show the manufacturing process of cement and its role as a key material in the production of concrete.

词汇表

manufacture	n. & vt.	制造
raw material	n.	原料
i. e.		学术写作里常用的一个拉丁词 = that is, …
blend	vt.	混合，请注意流程图作文里经常会使用动词被动语态的特点
rotating	adj.	旋转的
compound	n.	混合物
feed	vt.	在描述制造工艺时 feed 是"输送"的意思，注意它的过去分词是 fed
grind	vt.	碾压，注意它的过去分词是 ground（这一点小 c 确实无从知道，但即使写出个错误的过去分词 grinded 也总比根本就不敢动笔强）
pack	vt.	打包

☆ ☆ ☆

范文已经看完了，可小 c 还是不知道这两个图里的 cement 和 concrete 到底是什么东东。其实只要有勇气认真地看图，能够猜出它们是两种产品，而且能把它们正确无误地抄到文章里就足够了。是否知道它们分别是水泥和混凝土，对于写这篇 process diagram 又有什么分别呢……

IELTS

IELTS

附录A–C

附录*A* 中国同学们的作文里最“泛滥”的18个拼写错误和10个搭配错误

附录*B* 如果您计划在国外考雅思

附录*C* 鲜为人知却极为实用的英文写作网站

附录 A
Appendix A

中国同学们的作文里最“泛滥”的 18 个拼写错误和 10 个搭配错误

正确的拼写都是一样的，错误的拼写却各有各的不同。

尽管如此，在中国考生们的作文里拼写错误还是体现出了集中的共性，其中最泛滥的就是下面这 18 个“Pretty Little Liars”。“学霸”看到这个拼写错误榜也许会露出鄙夷的坏笑，但 Pat 还是要顶着锅盖建议英语水平一般的同学找一张白纸，然后跟着本附录的音频朗读文件依次拼写出这 18 个单词，写好后再跟这个榜单逐一核对拼写，看看自己是不是也“中招儿”了。

- friend
- foreign
- receive
- benefit
- believe
- achieve
- modern
- research
- necessary
- important
- dangerous
- knowledge
- experience
- convenience
- competition
- government
- environment
- advertisement

您看出它们有什么共同点了么?就是都含有一个、两个甚至三个字母 e，可见字母 e 是最大的 troublemaker。而且 Pat 还注意到：当字母 e 出现在词首或词尾时，中国孩子们一般不会拼错，但是当字母 e 出现在词当中时，可就是各种“天雷滚滚”了。

还好，English 是字母 E 出现在词首……

下面画 √ 的写法都是正确、地道的搭配，而打 X 的写法却都会引起考官的高度警觉：

1 spend money（或者 time）on … √

spend money（或者 time）in … X

例句：Governments should spend more money on public services such as education and health care.

2 pay attention to … √

pay attention on … X

详解：希望您从今天就开始 pay attention to “pay attention to”

3 encourage sb. to do sth. √

encourage sb. doing sth. X

例句：Parents should encourage their children to spend more time on outdoor activities（户外活动）.

4 find it difficult to … √

feel it difficult to … X

例句：Some artists may find it difficult to support themselves by selling their artistic creations.

详解：如果想表示“感到做某事很困难”，要用 feel 的话，那么在 it 后面，就必须有 is 才可以，而 find 的后面却可以直接使用 it + 形容词的宾补形式

5 pose a threat to ... √

consist of a threat to ... X

例句：Global warming poses a threat to biodiversity（生物多样性）on Earth.

详解：“对……构成威胁”的正确搭配是用动词 pose 和 a threat 搭配

6 rely heavily on ... √

rely big on ... X

详解：“严重依赖于某事物”写成 rely heavily on ...才对

7 at the expense of ... √

on the expense of ... X

例句：Economic growth should not be at the expense of the environment.

详解：“以……为代价”的介词用 at

8 give priority to + 名词或动名词（动词 + ing）√

give priority to + 动词原形 X

例句：Governments should give priority to supporting programmes that promote sustainable development（可持续的发展）.

详解：give priority to（把……放在优先的位置考虑或者解决）里面的 to 是介词，它的后面只能接名词或动名词

9 is an indisponsable part of … √

is a must-have part of … ╳

例句：The Internet is an indispensable part of daily life for many people.

详解：要表示“是……不可缺少的一部分”，在非正式的英美口语里偶尔会说 is a must-have part of …，但在正式写作里请用 is an indispensable part of …

10 excessive + 抽象名词 √

excessive +人或物品等具体名词 ╳

例句：Excessive use of social networking websites（社交网站）at work can reduce productivity.

详解：excessive 确实是表示“过多的”的形容词，但是在它后面只能接 use of…，television viewing 等抽象名词，而决不能接 people，tourists 等具体名词

附录 B
Appendix B

如果您计划在国外考雅思

从去年开始，海外“烤鸭”军团开始迅速壮大。为此，Pat 特意实地考查了在海外与在国内考试的区别，以供“时差党”们参考：

在海外与在国内雅思考试异同详解

国 内	海 外
交费形式多样	如果选择网上交费，多数情况都需要使用 credit card，如果在报名点交费形式则比较灵活
铅笔与橡皮均不允许自带，必须由考官发放	在有些考点，允许考生自带铅笔和橡皮，甚至在部分海外考点考写作时还可以使用圆珠笔（有利也有弊，对于“大牛”来说如果用圆珠笔写作文能一气呵成往往卷面会更漂亮，但非牛人却容易把卷子改成“大花脸”）
听力使用耳机	一部分海外考点不提供耳机（深切同情 ing……），直接在考场里听 CD 机的喇叭放音。因此如果有条件的话最好能询问一下在您报名的考点里考过听力的前辈该考场是否提供耳机，如果答案是否定的，那么您最好在考前就充分练习不使用耳机直接听喇叭放音的效果，而且还应该故意把喇叭离开自己一些距离以达到“高仿真”的效果。在不提供耳机的考场里考过试的同学普遍感觉听力考的其实不是 listening，而是 hearing
手机会被监考人员要求关机	手机也会被要求关机但查得更严格，个别考生甚至曾遇到手机放在考场外但忘记关机就被取消成绩的极端情况
口试一般在考点进行	在某些考点，比如 Sydney 的一个考点，口试是在星级宾馆里举行，而且宾馆条件还相当不错

※最后，Pat 要提示您：**虽然由于每个考官自身的素质差异难以排除存在着“误判”甚至“胡判”的考官**，但是从总体上来说，IELTS 写作考试的评分是科学的。只有努力提高自身实力才是根本，否则世界上的任何一个考点都是不会为一只不爱学英语的“烤鸭”提供避风港的……

附录 C
Appendix C

鲜为人知却极为实用的英文写作网站

说明： 下列网站都是国外网站，Pat 向您推荐的只是那些可以免费浏览的部分，付费服务一律不推荐。

大作文部分

❶ http://www.ldoceonline.com/

权威的朗文当代词典的网络版，不仅英文解释绝对地道，更难得的是用最常见的英文单词进行释义。相信自己，你一定也能轻松地使用原版字典（请注意网址中 www 的圆点后面是字母 l 而不是数字 1）

❷ http://dictionary.cambridge.org/

剑桥英文系列词典的官方网站，好几本剑桥出版的英文词典供你选择。其中有超多的例句，让你把握每个单词的用法。用剑桥的词典准备剑桥的考试，这个主意不错吧?

❸ http://www.crockford.com/wrrrld/style.html

很多人将其视为 writers' Bible 的名著 *The Elements of Style* 的网络版，对英文写作有长期兴趣的人如果把全部内容都学习一下将受益匪浅。

❹ http://www.newscientist.com/

Pat 自己在平时生活里很喜欢看的一本杂志，除了科技方面外，还有很多有趣的内容。雅思阅读的很多题目也是从里面选的。

❺ http://www.nottingham.ac.uk/~alzsh3/acvocab/wordlists.htm

在英语国家大学里流传着各种不同的学术写作常用词汇表（Academic Word Lists），这个版本是其中最著名的一个，而且它的好处是每个 sublist 之间还按照在学术写作里的出现频率来排序，所以你可以放心地从 Sublist 1 看起，看完之后再看 Sublist 2，以此类推。这个词汇表是针对严格的英语学术写作，所以有些词在雅思写作里的使用频率不算很高，但非常适合英语程度好的同学学习，对于今后留学时写论文也将很有帮助。

❻ learnenglish.britishcouncil.org/en/quick-grammar

同学们都知道 British Council 是 IELTS 考试在全球的监管机构。这个网站是 British

Council 专门给考生出的语法点讲解与测试题库。不过要强调的是：这个网站的考查重点是偏生活化的语境，所以它的风格跟雅思学术议论文是略有区别的。

⑦ www2. actden. com/writ_den/tips/contents. htm

这个英文网页专门介绍有关英语学术作文的知识。其中 paragraphs 和 essays 两部分请有兴趣的同学认真学习，而且每一个链接点击之后还会通向更多有用的知识。

⑧ owl. english. purdue. edu/owl/owlprint/724/

这个页面深入剖析了写 academic argument paper 时需要注意的各部分之间的逻辑关系，所讲内容与英美大学里面的 Advanced Writing Courses 讲解写作逻辑的方式完全一致，适合希望学习纯正英语写作逻辑的同学。

小作文部分

① http://www. ft. com/home/uk

鼎鼎大名的英国金融时报网站，特别是点击 Markets（页面上方的中间）这个 section 之后，放眼望去，满眼都是小作文的加分词汇。看金融时报网站上的文章需要注册，没关系，免费，只要在弹出的窗口选择 Registration（Free）就行了。

② http://www. statistics. gov. uk/default. asp

这个可是英国 the Office for National Statistics 的官方网站，只要点击左侧或中部的每一个链接后就可以看到由英国官方公布的大量统计图表与范文。从某种意义上说，它比剑桥更权威……

* * *

结　束　语——To the next step.

全书就要结束了，和各位读者也该说声珍重。年纪还不算很大的我，学生却已经遍及世界各地。很多已经在海外学习的学生现在仍然通过博客与 Pat 联系，或者经常给我来信分享他们在留学路上的点点滴滴（ieltsguru@ sina. com）。我真的感觉他们都很优秀，也很独立，我知道他们在英国、澳洲、加拿大、美国……正在实现着当年备考雅思时心中的梦想。

衷心希望本书能为中国的英语学习者朋友们树立正确的英语学习观提供帮助，同时很想对各位读者说："他们做到了的事情，你也能。"